나의 첫
돈과
금융
수업

발행일 2025년 2월 26일 초판 1쇄 발행
지은이 문원준
발행인 방득일
편 집 박현주, 강정화
디자인 강수경
마케팅 김지훈

발행처 맘에드림
주 소 서울시 도봉구 노해로 379 대성빌딩 902호
전 화 02-2269-0425
팩 스 02-2269-0426
e-mail momdreampub@naver.com

ISBN 979-11-989460-1-0 44320
ISBN 979-11-89404-03-1 44080 (세트)

금융역량을 키우는 쓸모 있는 경제 이야기

나의 첫
돈과
금융
수업

문 원 준 지음

맘에 드림

살아가는 데 힘이 되는
쓸모 있는 경제 이야기

저는 20년 넘게 은행, 증권, 자산운용 등 금융 분야에서 일해왔습니다. 어느 날 출판사에서 금융 관련된 일을 하며 얻게 된 지식과 경험 등에 기반해 '돈과 금융'을 키워드로 청소년을 위한 경제 이야기를 써보라는 권유를 받았죠. 의미 있는 일 같아서 흔쾌히 수락했지만, 막상 어떤 이야기를 전해야 할지 고민이 되더군요.

많은 청소년이 '금융, 경제' 등의 용어에 대해 딱딱하고 어렵다고 생각할 것이에요. 사실 어떤 분야든 배움이 삶과 동떨어질수록 지루하고 재미없어집니다. 이에 교과서를 뛰어넘어 실제 삶에서 힘이 되어줄 쓸모 있는 경제 이야기를 들려주고 싶었죠.

첫 장은 돈과 금융이 인류사와 얼마나 떼려야 뗄 수 없는지, 어떻게 꾸준히 진화하고 있는지로 풀어가 보면 좋겠다고 생각했습니다. 돈의 역사와 진화, 의미와 가치 등에 관한 이야기들은 실제 경제생활과의 연결고리를 찾게 하는 징검다리가 되어줄 것입니다.

재무적 의사결정력을 키우는 돈 이야기

두 번째 장부터 본격적으로 재무적 의사결정력, 즉 잘 모으고, 잘 쓰고, 잘 불리는 법에 관한 이야기를 담았습니다. 이를 위해 우선 어릴 때부터 금융기관을 어려워하지 않고 친해질 필요가 있습니다. 그래서 은행의 기원, 금융기관의 역할 등을 소개합니다.

특히 합리적인 소비와 저축의 중요성을 강조하고 싶었습니다. 소비는 신용과도 직결되는 만큼 경제생활에서 매우 중요한 부분을 차지합니다. 무분별한 낭비로 인해 자칫 신용까지 무너질 수 있으니까요. 청소년은 이미 우리 사회의 주요 소비층입니다. 기업에서도 10대의 마음을 사로잡기 위한 다양한 마케팅 전략들을 펼치다 보니 조금만 방심해도 소비의 유혹에 빠지기 쉽죠. 또 부자들의 상당수는 작은 돈이라도 불필요한 낭비에 민감한 데 반해, 소득 수준이 낮아도 작은 돈이 술술 새 나가는 데 무심한 사람이 많다는 것을 기억해야 합니다. '지름신', '시발비용' 등 마치 놀이처럼 충동적인 소비를 합리화하는 점은 경계해야 하죠. 어쩌다 한 번이면 모를까 반복하여 몸에 밴 습관은 어른이 되어서도 쉽게 고칠 수 없으니까요.

합리적인 소비생활과 신용관리 못지않게 저축의 중요성도 강조하고 싶었습니다. 워낙 저금리 시대라 저축의 가치가 폄하되는 경향이 있는데, 종잣돈을 만들려면 결코 저축을 소홀히 해서는 안 됩니다. 나아가 장기적인 안목으로 지혜로운 투자활동을 병행해 건강한 재무 상태를 유지하는 방법도 함께 이야기하고 싶었습니다.

경제를 읽는 눈을 뜨게 하다

불확실성의 시대에는 시시각각 경제가 돌아가는 상황을 읽어내고, 어느 정도 예측도 할 수 있어야 합니다. 경제 상황을 제대로 이해하지 못한 상태에서 그저 부자가 되기를 바라는 것은 운 좋게 로또 당첨을 바라는 것만큼이나 무모하니까요.

그래서 저는 이 책을 통해 '돈과 금융'을 매개로 경제 문해력을 키우고 싶었습니다. 오늘날 문해력은 모든 분야에서 중요성이 점점 높아지는데, 경제도 예외는 아닙니다. 경제 문해력이 중요한 이유는 다양한 경제 현상을 읽어내는 지혜로운 눈을 키울 수 있기 때문입니다. 일반적으로 경제 용어들은 딱딱합니다. 교과서에서 본 것도 같고, 일단 외우긴 했는데 막상 시험을 보고 나면 까먹어버리는 그런 것들이지요. 분명 수업 시간에 배운 것 같은데도 막상 뉴스에서 그런 단어들을 접하면 낯설기만 합니다.

하지만 실생활과 연계하여 의미를 이해하고 나면 '아하!' 하는 생각이 들곤 해요. 읽지 못하면 이해하지 못하고 결국 경제 메커니즘을 파악할 수도 없습니다. 점점 더 뒤처질 수밖에 없지요. 그래서 경제를 이해하는 데 가장 핵심이 되는 '금리'를 중심으로 이론적인 설명보다는 다양한 실제 사례들을 함께 소개함으로써 가능하면 청소년들의 일상과 눈높이를 맞추어서 알기 쉽게 설명하려 했습니다. 이를 통해 청소년들이 경제를 보는 눈을 뜰 수 있다면 더없이 기쁠 것입니다.

공짜는 없다

소비, 저축, 투자활동을 모두 잘하는 사람은 생각보다 많지 않습니다. 경제생활과 금융의 토대가 되는 이론들을 모두 습득하기란 그만큼 어려운 일이지요. 하지만 지식이 아무리 많아도 인간의 판단 착오, 욕심, 고집 등 합리적인 경제활동을 방해하는 눈에 보이지 않는 장벽도 많은 것이 현실입니다.

　제가 이 책을 통해 여러분에게 가장 강조하고 싶은 것도 "세상에 공짜점심은 없다."라는 사실입니다. 즉 수익이 더 높은 투자는 필연적으로 더 큰 투자 위험을 수반하는 것이 당연합니다. 잊을 만하면 심심찮게 언론을 도배하는 다양한 종류의 투자사기들은 거의 예외 없이 정상적이지 않은 고수익을 미끼로 제시합니다. 독자 여러분이 이 책을 통해 최소한 그런 비상식적인 광고나 마케팅에 현혹되어 낭패를 보는 일이 없다면 그것만으로도 저는 큰 보람을 느끼지 않을까 싶습니다.

끝으로 이 책을 쓰는 내내 독자 입장에서 원고를 읽고 아이디어를 내준 아내 진형과 딸 채현이에게 감사의 마음을 전합니다. 아울러 초보 작가의 좌충우돌 실수를 잡아주고 두서없는 글을 정성을 다해 정리하고 편집하느라 애쓰신 맘에드림 관계자분들께도 감사의 인사를 드립니다.

문원준

CHAPTER 1

의미와 역사
"돈, 어디까지 알고 있니?"

저축
"알뜰살뜰 모으고, 차곡차곡 키워요"

소비와 신용
"합리적으로 선택하고, 믿음을 쌓아가요"

투자
"부자가 되고 싶어요!"

돈, 어디까지 알고 있니?

첫 장에서는 '돈'에 관한 이런저런 이야기를 해보려고 해요. 세상에는 돈 보기를 돌처럼 여기는 사람도 있겠지만, 대체로 돈은 많을수록 좋다고 생각합니다. 자녀의 돌잡이 상차림에도 직업은 유행에 따라 바뀌기도 하지만, 부를 상징하는 돈은 빠트리지 않고 꼭 올려놓지요. 그리고 자본주의사회에서 돈은 점점 더 큰 힘을 발휘하고 있습니다. 하지만 인간이 처음부터 돈을 사용했던 건 아니에요. 인류사에서 돈이 어떻게 탄생했고, 또 어떻게 진화해 왔는지 살펴보는 동안 돈의 의미를 다시금 생각해 볼 수 있을 것이에요. 아울러 글로벌시대에 알아두면 쓸모 있는 돈의 가치에 관해서도 함께 다루고자 합니다. 그럼 시작해 볼까요?

의미와 역사

#정의 #재화 #화폐

01

돈!
돈이 뭐길래…

얼마면 돼? 얼마면 살 수 있어!

　이 책은 돈과 금융을 중심으로 풀어가는 생활 밀착 경제 이야기입니다. 여러분도 부모님이나 조부모님, 친척 어른 등께 받는 용돈이든, 직접 아르바이트해서 벌었든, 수중에 어느 정도 돈을 가지고 있을 것입니다. 아니면 벌써 투자에 입문하여 돈을 불리기 시작한 어엿한 투자자인지도 모르겠군요. 이처럼 "화폐 및 예금, 유가 증권, 채권 따위의 청구권 형태로 보유하는 자산"을 아울러 **금융자산**[1]이라고 합니다.

돈이 생겨서 지갑이나 통장이 두둑해지면 어쩐지 든든하고 흐뭇한 기분이 들 것입니다. 하지만 기쁨도 잠시, 여기저기 돈 쓸 일이 생겨나지요. 그렇다면 대체 어디에 돈을 쓸까요? 기본적으로 당장 먹을 음식과 옷, 생필품 등을 사기 위해 돈을 씁니다. 하지만 꼭 필요한 것만 사는 것은 아니에요. 사람들은 당장 필요하지도 않고, 별 쓸모없게 보이는 것들을 꼭 갖고 싶어 하기도 하니까요. 심지어 그런 것들을 가지려고 꽤 많은 돈을 쓰기도 합니다.

또한 돈은 보고, 만지고, 쥘 수 있는 실물, 즉 재화(財貨) 소비에만 국한되지 않습니다. 다른 사람이 가진 능력이나 기술, 기타 다양한 서비스 등을 원할 때도 돈이 필요하지요. 예컨대 병원에 입원했을 때 간병이 필요하다거나, 어린 자녀를 둔 맞벌이 가정에서 돌봄이 필요할 때처럼요. 또 요즘 너 나 할 것 없이 배달앱을 많이 이용하는데, 배달비도 이런 서비스 비용의 하나이지요. 재화와 서비스의 일반적인 정의는 다음과 같습니다.

- **재화**: 자동차, 집, 스마트폰, 과일처럼 물리적인 실체가 있어 우리가 보고 만질 수 있는 물건을 뜻한다.
- **서비스**: 미용실에서 머리를 자르거나, 택시를 이용하거나, 음식을 배달받는 등 눈에는 보이지 않지만, 우리의 시간과 노력을 대신해 주는 것을 뜻한다.

....
1. 이 책에서는 앞으로 다양한 돈과 금융에 관련된 경제용어들이 등장한다. 용어 그 자체를 외우는 데 얽매이기보다 경제를 읽는 문해력을 키우기 위한 수단으로 이해하면 좋겠다.

앞으로 '재화'와 '서비스'란 단어는 본문에서도 종종 등장할 것이므로 잘 기억해 두기 바랍니다. 정의한 내용에서도 알 수 있지만, 우리는 생활 속에서 물건(재화)의 소비는 물론, 다양한 서비스를 이용하는 데도 돈을 사용합니다.

세상만사를 돈으로 다 해결할 순 없지만, 이미 세상의 꽤 많은 것들에 값이 매겨져 있는 것이 현실이에요. 돈은 우리의 중요한 생존 수단 중 하나입니다. 그리고 자본이 더 큰 자본을 낳는 자본주의 사회에서 돈의 힘은 점점 더 막강해지고 있지요. 사실상 돈 한 푼 없이 생활한다는 것은 이제 상상하기 어렵습니다.[2] 오죽하면 세간에는 숨만 쉬어도 돈이 술술 빠져나간다는 우스갯소리마저 들립니다. 그래서 사람들은 돈을 더 많이 벌기 위해 열심히 일하고, 절약하고, 저축합니다. 또 좀 더 적극적으로 돈을 불리기 위해 투자를 하는 사람도 많아졌습니다. 심지어 어떤 사람은 손해의 위험까지 무릅쓰고 고위험 금융상품에 투자하기도 합니다. 운이 좋으면 엄청난 돈을 벌 수 있다는 기대감 때문이겠지요. 자칫 큰 손해로 이어질 수 있는 위험마저 기꺼이 감수할 만큼 돈은 점점 더 사람들을 끌어당기는 힘이 세지고 있는 것 같습니다.

돈의 힘이 막강해질수록 돈 때문에 다양한 다툼이 벌어지고, 이것이 때론 심각한 사회문제로 번지기도 합니다. 예컨대 유산을 두

....
2. 세상에는 다양한 생각을 가진 사람들이 존재한다. 예컨대 프리건(freegan)처럼 자본주의 경제의 지나친 소비 지향에 반대하고, 환경 보호를 위해 쓰레기통을 뒤져 식품을 구하는 등의 극단적인 행동을 추구하는 이들도 소수지만 존재한다. 다만, 다양성 차원에서 언급한 것일 뿐, 이 책에서는 논외로 하겠다.

고 피를 나눈 가족끼리 치열한 법정 분쟁을 벌이는 일도 허다합니다. 또 보이스피싱처럼 무고한 사람을 속이는 금융사기 범죄가 극성을 부리는 이유도 결국 돈 때문이지요. 이런 일들을 보고 있으면 문득 궁금해지지 않나요? 대체 돈이 뭐길래 사람들이 이러는 걸까요? 그리고 대체 언제부터 사람들이 돈을 이토록 중요하게 여기게 된 걸까요?

돈, 누구냐 넌!

오늘날 돈은 사람들 대부분에게 큰 영향력을 행사하는 만큼 사회적으로 높은 가치를 매길 수 있을 것입니다. 하지만 언제, 어디서나 변함없이 그럴까요? 조금 극단적인 예를 들어봅시다. 만약 지금 여러분에게 큰 배낭이 하나 있는데, 그 안에 5만 원짜리 지폐가 가득하다고 가정할게요. 게다가 그 돈을 마음껏 써도 된다고 상상해 보는 것입니다. 그저 상상일 뿐인데도 정말 신나지 않나요? 게임기도 사고, 한정판 운동화도 사고, 인공지능이 탑재된 최신형 스마트폰도 살 수 있을 거예요. 인기 아이돌 그룹 멤버가 공항 패션에서 선보였던 명품 가방과 옷을 살 수도 있겠네요. 이것저것 사다 보면 어쩌면 배낭 가득한 돈이 모자랄지도 모르겠군요. 이럴 때의 돈은 원하는 것을 더 많이 갖게 해주므로 높은 가치를 매길 수 있습니다. 많으면 많을수록 가치도 더 올라가겠죠?

그런데 만약 이런 경우라면 어떨까요? 돈이 든 배낭과 함께 배를

타고 여행 중이었어요. 그런데 타고 있던 배가 난파되어 표류하다가 간신히 어느 해변에서 홀로 정신을 차린 거죠. 다행히 지폐가 가득 든 배낭은 잃어버리지 않았는데, 하필 눈을 뜬 곳이 그 어떤 지도에도 나와 있지 않은, 세상과 완전히 단절된 미지의 섬이었던 것이에요. 너무 배가 고픈데, 그 흔한 편의점 하나 보이지 않습니다. 배낭에 돈은 넘치는 데 돈을 쓸 곳이 없으니 무용지물입니다. 만약 표류 시간이 끝없이 길어진다면 차라리 추위라도 피하게 불쏘시개로 쓰고 싶어질지도 모르죠.

이처럼 돈은 그 가치를 공유하는 곳에서는 높은 가치를 매길 수 있지만, 그곳을 벗어나면 동일한 가치를 인정받기 어렵습니다. 예컨대 좀 전의 그 무인도에서 원주민을 만났습니다. 그런데 그는 태어나서 단 한 번도 돈을 본 적이 없었죠. 그에게 5만 원권 지폐를 뭉치째 건네면서 나를 좀 도와달라고 하면 과연 돈뭉치를 가치 있게 쳐줄까요? 글쎄요. 기껏해야 요상한 그림이 그려진 작은 종잇조각쯤으로 받아들이기 쉽습니다. 이런 상황이라면 돈에 대단한 가치를 매길 순 없을 것 같네요. 그러니 더 많이 가졌다고 가치가 더 올라간다고 보기도 어렵고요.

이처럼 돈은 개인이 소유할 수 있으면서 동시에 사회 구성원 모두가 그 가치를 인정할 때, 비로소 사용할 수 있는 것입니다. 따라서 돈은 그 자체로 가치 있는 것이라기보다 돈을 가치의 저장이나 거래의 수단으로 인정하는 사회 집단 안에서만 그 가치를 인정받기 때문에 **유동적**이고 **제한적**이지요.

앞에서 우리가 돈으로 다양한 물건을 사고, 서비스를 이용한다고 했습니다. 즉 원하는 재화와 서비스 등을 돈과 바꾸는 거죠. 그런 의미에서 볼 때, 돈은 필요한 뭔가를 거래할 수 있는 주요 교환수단입니다. 그런데 **교환**이라는 단어는 집단을 이루고 있는 사람과 사람 사이, 즉 사회적 관계를 전제로 합니다. 만약 세상에 오직 나 혼자뿐이라면 교환 대상이 없으니 교환 수단으로서 가치를 논의하는 것은 무의미한 일이죠. 바꾸어 말해 '교환의 수단'으로 인정된 사회집단을 벗어난 돈은 아무런 가치가 없는 것이에요.

돈은 뭐고, 화폐는 또 뭐야?

방금 우리는 돈의 속성을 가치 중심으로 살펴보았어요. 그런데 돈과 비슷한 말로 화폐가 있습니다. 둘은 같은 말일까요? 사전에서 찾아봐도 어쩐지 의미가 비슷한 것 같아서 대체 무슨 차이가 있는지 헷갈릴지 몰라요. 이럴 땐 일상에서 쓰는 언어로 바꿔 보면 차이점을 금방 발견할 수 있습니다. 여러분도 일상적인 대화에서 화폐란 단어는 거의 안 쓸 거예요. 예컨대 이런 말을 한번 살펴볼까요?

"우리 집은 **돈**이 없어."
"**돈** 좀 꿔줬다고 그렇게 생색을 내더라."
"**돈**도 많은 사람이 인색하게 굴기는…"

위의 말에서 돈을 화폐라는 단어로 교체하면 어떨까요? 네, 뜻이 안 통하는 것은 아니지만, 뭔지 모르게 어색합니다. 그러면 다음과 같은 표현에 대해서는 어떨까요?

"**화폐**를 발행하였다."
"**화폐**의 가치가 낮아졌다."
"**화폐**의 난위를 비교해 보자."

이 말에서 '화폐'를 '돈'으로 바꾸면 어떨까요? 맞아요, 별로 어색하지 않습니다. 앞의 예문은 돈을 화폐로 바꿨더니 어색했는데, 반대의 경우는 괜찮은 이유는 돈이 화폐의 개념보다 더 확장된 개념이기 때문입니다. 그러니까 화폐는 좁은 의미의 돈이라고 할 수 있죠. 즉 돈이 화폐를 아우르는 개념인 것이에요.

이쯤에서 돈과 화폐의 정의를 잠깐 살펴볼게요. **돈(money)**은 물건, 사물의 가치를 담은 상품이나 능력을 포괄합니다. 또한 재화를 구입하고 상품의 교환을 매개하며 재산을 쌓는 대상으로 앞서 설명한 것처럼 상호 신뢰를 기반으로도 사용하는 물건까지 모두 아우릅니다. 한편 **화폐(currency)**는 돈의 기능을 지닌 '실물'입니다. 대표적으로 동전이나 지폐, 은행권 등처럼 상품이나 물건에 대한 교환가치의 척도가 되며, 그것을 교환·지불하는 수단으로써 '신용'이라는 기반을 전제로 좀 더 제한적으로 정의됩니다.

1980~1990년대까지만 해도 월 급여에서 각종 세금을 공제하고

남은 현금을 월급봉투에 동전까지 담아서 지급하기도 했습니다. 하지만 요즘은 아르바이트를 해도 현금보다는 통장으로 입금됩니다. 입금된 상태에서의 돈은 숫자로만 존재할 뿐, 당장 손에 쥐고 있는 실물이 아니에요. 하지만 우리는 은행에 '돈'이 있다고 말합니다. 만약 예금에서 5만 원을 인출했다면 손에 쥔 돈은 화폐인 거죠. 이처럼 돈은 내재가치를 지닌 자산을 모두 아우르는 반면, 화폐는 현재 기준의 교환수단에 국한된다고 하겠습니다. 그리고 우리는 따로 설명을 덧붙이지 않아도 자연스럽게 이를 구분하지요.

잠깐만!

닉슨의 금태환 중지[3]

과거 돈=금=화폐(교환증서)로 통용될 만큼 금은 역사상 가장 중요한 화폐수단이었고, 화폐단위의 가치와 금의 일정량의 가치가 등가관계를 유지하는 금본위제도가 세계 각국에서 채택되었다. 화폐와의 교환으로 금을 제공하는 것이 바로 금태환이다.

오랜 시간 미국은 세계의 정치, 경제 등을 아우르는 패권국이었다. 이는 미국의 화폐, 달러의 힘과 관련 있다. 대체 언제부터 달러가 이런 막강한 힘을 갖게 되었을까? 1944년 20개국 정상들이 IMF와 세계은행을 설립했고, 미국 달러를 국제통화로 결정했기 때문이다. 이때 브레튼우즈 협정을 체결하여 "미국은 금 1온스(28.4g)와 35달러는 동일한 가치를 가진다"고 하면서 달러는 기축통화로 기능하면서, 세계 어디에서든 달러만 있으면 금으로 바꿀 수 있었다. 세계에서 가장 신용이 높은 화폐가 바로 달러였다. 2차례 세계대전과 함께 미국은 명실상부 패권국이 되었고, 경제 초강대국인 미 달러를 국제결제 통화로 사용하자는 데 반대하는 나라도 없긴 했다. 당시 전 세계

3. 김인철, 〈[매경시평] 급진적 개혁, 단계적 개혁〉, 《매일경제》, 2013.07.14. 참조

"**돈** 좀 꿔 줘!"

"그녀는 **돈**보다 사랑을 선택했어."

첫 번째 표현에서 '돈'은 물리적인 실체가 있는 동전이나 지폐 등을 가리킵니다. 한편 두 번째 표현에서 '돈'을 지폐나 동전 등으로만 해석하는 사람은 없을 거예요. 굳이 설명하지 않아도 자연스럽게 구분하죠. 이 책에서도 '돈'과 '화폐'를 엄격히 구분하기보다 '돈'으로 통칭하되, 필요한 경우에 한해 '화폐'를 사용하겠습니다.

에서 미국만큼 경제적으로 엄청난 호황을 누린 나라도 없었기 때문이다. 하지만 베트남 전쟁으로 미국에 위기가 찾아온다. 어마어마한 재정을 전쟁 비용에 쏟아붓는 것으로 모자라 달러도 엄청나게 찍어냈다. 하지만 역부족이었고, 심지어 전쟁에서도 패배하고 말았다. 세계는 미국이 곧 위기에 빠질 거라고 예상하며, 달러 인플레이션을 우려해 보유하고 있던 달러를 앞다투어 금으로 바꾸고자 했다. 미국이 보유한 금이 바닥나면 미국경제의 파탄을 넘어 세계경제마저 위태로워질 수 있다. 이에 1971년 8월 15일 당시 미국의 대통령이었던 닉슨은 달러에 대한 '금태환 정지'를 선언해 버렸고, 금본위제는 사실상 막을 내렸다.

돈과 화폐의 비교

	돈	화폐
1971년 8월 15일 이전	금, 은	금화 증서
1971년 8월 15일 이후	금, 은, 신용화폐	신용화폐

어떻게 버느냐, 그것이 문제로다…

이세 돈은 비난 지폐나 농전 같은 것들을 넘어 훨씬 포괄적인 개념임을 이해했을 것입니다. 그렇기 때문에 돈이라는 말은 일상에서도 매우 다양하게 해석됩니다. 대표적으로 재산을 의미하기도 하지요. 자, 다음의 말을 봐주세요.

"길동이는 **돈**이 아주 많아!"

이 말을 들었을 때, 단순히 지갑에 동전이나 지폐를 많이 가지고 있다는 의미로만 해석하지 않지요? 물론 그런 의미도 있지만, 나아가 예금이 많고, 아니면 주식이나 고가의 부동산 등을 소유해서 형편이 넉넉하다, 즉 부자라는 뜻으로도 자연스럽게 해석되지 않나요?

"길순이는 **돈**을 많이 벌어."

한편 길순이는 어떤가요? 길동이와 길순이 둘 다 경제적으로 풍요로워 보이지만, 길동이와 길순이는 결이 살짝 다릅니다. 왜냐하면 길동이는 돈이 많기는 한데, 자기가 일해서 번 것인지, 물려받은 것인지, 아니면 복권 당첨 등으로 돈벼락을 맞은 것인지 명확히 알 수가 없어요. 하지만 길순이는 다릅니다. 스스로 뭔가 돈벌이를 한다는 뜻이니까요. 예컨대 길순이는 월급을 많이 받는 고액 연봉자일 수도 있습니다. 아니면 어떤 좋은 아이템으로 자기 사업을 해서 많은 돈을 벌 수도 있고요. 혹은 주식이나 코인 투자로 큰돈을 벌고 있을 수도 있고, 건물주로서 매달 거액의 임대료 수익을 올릴 수도 있겠군요.

길순이의 직업이 뭔지는 다양하게 추측할 수 있지만, 어쨌든 고소득자라는 점에 대해서는 이견이 없을 것 같습니다. 길순이처럼 돈을 벌어서 읽는 소득에는 여러 종류가 있습니다. 어떻게 버느냐에 따라서 근로소득, 사업소득, 재산소득, 이전소득 등으로 나눌 수 있지요. 이 중에서 '노동'과 관련된 소득은 근로소득과 사업소득이 해당됩니다. 둘 다 노동을 통해서 돈을 번다는 것은 같지만, 급여를 받는 입장이라면 근로소득자이고, 가게를 포함해 자기 사업을 하는 입장이라면 사업소득자라는 점에서 차이가 있지요.

부모님이 회사에 다니시면서 매달 월급을 받는다면 근로소득자라고 할 수 있습니다. 여러분이 편의점 같은 곳에서 아르바이트로 돈을 벌어도 마찬가지고요. 그런데 같은 시간과 노력을 투자해도 소득은 다를 수 있습니다. 심지어 같은 회사에 다니며 똑같은 업무를 수행해도 소득은 다를 수 있으니까요. 소득에 관한 얘기는 뒤에서 좀 더 자세히 할 기회가 있을 것입니다(2장의 02 참조).

자, 지금까지 설명한 내용에 따르면 돈은 최소한 우리가 살아가는 자본주의사회에서는 높은 가치를 갖고 있다는 것을 알 수 있습니다. 사람들 대부분이 그 가치를 인정하고 공유하니까요. 끊임없이 소비를 부추기는 자본주의의 속성상 돈이 많다는 것은 앞에서 소개했던 재화와 서비스를 사서 이용할 수 있는 구매력이 높다는 것을 의미해요. 그러니까 자본주의사회에서는 구매력이 높을수록 부자라고 할 수 있는 거죠.

돈의 기능을 알아보아요!

돈의 주요 기능은 크게 3가지 정도로 나눌 수 있다. 각각의 내용을 짧게 정리하면 다음과 같다.

- **교환의 수단**: 돈은 상품이나 서비스와 교환할 때 지불수단으로 쓰인다. 예를 들어 스마트폰(상품)을 사거나 노래방에서 노래(서비스)를 부르려면 돈을 내야 한다.
- **가치의 척도**: 돈은 상품의 경제적 가치를 돈으로 표시하고, 계산과 회계를 하는 단위로 사용한다. 돈이 가치를 재는 척도의 기능을 제대로 하기 위해서는 화폐 가치에 큰 변동이 없고 안정적이어야 한다. 만약 급격한 물가상승이 있는 경우에는 화폐가 가치 척도로서 역할을 제대로 하지 못한다고 할 수 있다.
- **저장**: 돈은 가치를 보관 및 저장하는 역할을 한다. 돈은 다양한 자산 중에서 가장 유동성[4]이 높기 때문에 저장의 수단으로 가장 유용하다고 할 수 있다.

4. 자산을 필요한 시기에 손실 없이 화폐로 바꿀 수 있는 안전성의 정도를 나타내는 경제학 용어이다. 쉽게 말하면 현금으로 바꿔서 쓸 만한 재산을 얼마나 가지고 있는가를 의미한다.

우리의 생활은 1년 365일 24시간 내내, 우리가 깨어 있든, 자고 있든 끊임없이 돈과 연결되어 있습니다. 에이, 잘 때는 아니라고요? 생각해 보세요. 폭염에 시달릴 때는 잘 때도 시원한 에어컨을 틀어 놓고, 날씨가 추우면 보일러나 전기장판을 켜고 잡니다. 자는 동안에 전기나 가스 등이 계속 소비되는 셈이지요. 이처럼 소비는 하루 종일 거의 끊임없이 이루어집니다. 그렇기 때문에 돈과 금융을 중심으로 경제생활 전반을 잘 이해하는 것은 살아가는 데 꼭 필요한 쓸모 있는 지혜입니다. 그런 지혜를 쌓는 데 이 책이 조금이나마 도움이 되기를 바랍니다.

#물물교환 #물품화폐 #금속화폐 #지폐

02

돈이
나타났다!

아주아주 먼 옛날에…

앞에서 우리는 돈이 무엇인지를 중심으로 살펴보았어요. 그리고 돈과 화폐의 차이점도 알아보았지요. 돈은 그 가치를 공유하는 곳에서 벗어나면 가치를 제대로 인정받기 어렵다고 했던 것을 기억하나요? 여기서 말한 돈은 좁은 의미의 '화폐'로 해석할 수 있습니다. 대표적으로 우리가 보통 지갑에 넣고 다닐 수 있는 지폐나 동전, 수표 같은 거요.

아무튼 가치를 공유한다는 것은 나 말고 반드시 또 다른 누군가가 존재하는 것, 다시 말해 집단이나 사회를 이루고 있다는 것을 전제로 하지요. 즉 화폐는 인류가 무리를 지어 생활하게 됨으로써 비로소 등장한 개념이에요. 실제 화폐의 기원을 거슬러 올라가면 인류가 한곳에 정착해 자급자족하던 때와 맞물리니까요.

다만 집단생활이 시작됨과 동시에 오늘날과 같은 형태의 화폐가 곧바로 등장했던 것은 아니랍니다. 심지어 돈이 처음 등장할 때는 우리에게 익숙한 형태인 동그란 동전이나 네모난 지폐도 아니었지요. 특히 종이 형태의 화폐가 등장하기까지는 꽤 오랜 시간이 흐른 뒤입니다. 초창기에는 쉽게 구하기 힘든 소금, 조개껍질 등이 화폐를 대신하던 때도 있었고,[5] 생선 모양을 본뜬 청동 화폐가 사용되기도 했습니다. 그래서 이번에는 화폐의 탄생과 진화 과정을 조금 살펴보기로 해요.

그 전에 아주아주 먼 옛날로 잠시 시간여행을 떠나볼까요? 최초의 인류가 각자도생의 삶을 살아가던 그 시절로 말입니다. 저마다 배가 고프면 능력껏 물고기를 잡거나 동물을 사냥하거나 아니면 나무 열매 같은 것을 따서 굶주림을 해결하려 했겠죠. 모든 것을 스스로 알아서 해결하는 자급자족 생활이었던 거죠. 또 어렵게 채집하거나 사냥한 것을 다른 사람이나 동물에게 빼앗기는 경우도 많았을 것입니다. 그럼에도 딱히 소유의 개념이 발달하지는 않았을 것입니다. 단적으로 지금은 음식이 먹다 남으면 냉장고에 넣어 보관합니

....
5. 뒤에서 다시 설명하겠지만, 물건이 화폐를 대신하는 경우 '물품화폐'라고 한다.

다. 어떤 것은 냉동고에 얼려 일 년도 넘게 보관할 수 있지요. 하지만 그 시절에는 사방이 위험 요소로 둘러싸여 제 한 몸 보전하기도 쉽지 않았을 것입니다. 욕심을 부려봐야 잘 보관하기도 운반하기도 여의치 않았을 테니 오히려 생존하는 데 방해만 되어 성가셨을지도 모르지요. 또 혼자 넘치게 많은 양을 얻을 만큼 사냥이나 채집이 그리 만만한 일도 아니었을 테고요. 운 좋게 많이 얻은 날이라도 해도 배불리 먹고 나면 나머지를 버리거나 다른 동물이 먹도록 방치했을 것입니다.

잠깐만!

옛날에는 어떤 화폐가 사용되었을까?[6]

물품교환의 수단으로써 가치를 인정받는 일정한 형태의 화폐가 생겨나기 전에는 특정한 물품, 예컨대 곡식이나 가죽 같은 것들이 화폐의 역할을 대신했다.

이 단계를 지나 물품교환의 매개물인 화폐가 등장한 것이다. 기원전 20세기 무렵 열대지방에선 조개껍질이, 중국 내륙에선 귀했던 생선의 모양을 본뜬 말린 생선 모양의 청동화폐 '어폐'가 쓰였다고 한다. 기원전 8~2세기 무렵 쓰인 농기구를 본뜬 포전이나 칼을 본뜬 도전도 마찬가지 형식이다. 서양에선 옛 터키 지역에서 기원전 670년께 사자 머리 모습을 도안한 금·은화가 쓰였고, 고대 그리스에선 기원전 510년께 올빼미를 새긴 드라크마란 은화가 만들어져 쓰이며 이것이 서양 주화의 모델이 됐다고 한다.

6. [네이버 지식백과] 대전화폐박물관(https://terms.naver.com/entry.naver?docId=3568103&cid=58926&categoryId=58935) 참조 재구성

내 거랑 네 거랑 서로 바꿀까?

똑똑한 인류는 곧 하나보다는 둘, 둘보다는 셋 등, 함께할수록 커지는 '협동'의 강력한 힘을 깨닫게 됩니다. 그래서 자연스럽게 무리를 지어서 살아가게 되었죠. 또한 급격했던 기후변화가 안정화되면서 먹이를 찾아 여기저기 옮겨 다니는 떠돌이 생활 대신 한곳에 뿌리를 내리는 정착 생활이 시작되었죠, 각자도생의 시대가 저물고, 이제 함께 모여 농작물을 재배하거나 가축을 키우게 된 것입니다.

처음엔 자연 상태로 자라던 작물들을 통제하는 것이 쉽지 않았지만, 수확량도 점차 늘어났습니다. 수확량이 늘어나자 더 오래 보관하기 위한 저장 기술도 함께 발달시켰죠. 자연스럽게 남은 물품, 즉 잉여생산물을 어떻게 쓸 것인지 고민하게 됩니다. 그래서 자신에게 남아도는 것은 다른 사람이 가진 다른 것과 바꾸어 사용하기 시작했지요. 이것이 여러분도 잘 알고 있는 **물물교환**이에요.

그런데 이 물물교환은 생각처럼 쉽지 않았을 것입니다. 나에게 지금 필요한 것을 가까이 있는 이웃이 꼭 갖고 있으리라는 보장이 없었을 테니까요. 멀리 떨어진 곳으로 가서 교환해야 할 수도 있는데, 간혹 생물 같은 경우는 쉽게 변질되기 때문에 오가는 동안 이미 상하는 경우도 생겼겠지요? 또 바꾸려는 물건의 크기가 무겁고 크다면 그것도 참 불편했을 것이에요.

게다가 물건들 중에서도 흔한 물건과 구하기 힘든 귀한 물건들로 나뉘었을 테고, 또 똑같은 물건이라도 시기나 지역에 따라서 가치가 달라졌을 수 있습니다. 또 교환하려는 물건의 종류가 늘어날수록 다양한 물건들의 가치를 서로 어떻게 비교할지, 즉 교환가치를 매기는 과정에서 분명 의견이 엇갈렸을 것입니다.

특히 한 번에 한 가지씩 물건을 서로 교환할 때도 있겠지만, 하나의 물건으로 다양한 물건을 한꺼번에 교환하는 경우도 있었을 텐데, 다른 종류의 물건들에 대해 서로 다른 가치를 매기는 것을 교환 당사자들끼리 합의하는 것도 쉽지 않았을 테지요? 이는 지금의 우리가 물건에 따라, 또 같은 물건이라도 시기에 따라 다른 가격을 매기는 것과 비슷하기도 합니다. 실제로 물물교환이 어려움 없이 이루어지려면 최소한 다음과 같은 조건이 충족되어야 합니다.

- 내가 필요로 하는 물건을 가진 사람을 찾아야 한다.
- 내가 찾은 사람이 내가 가진 물건을 필요로 해야 한다.
- 서로 교환하고자 하는 물건의 가치에 대해 합의가 이루어져야 한다.

하지만 이런 조건은 생각보다 맞추기 힘들었을 것입니다. 예컨대 물품을 바꾸려는 사람들 사이에 원하는 물건이 일치하지 않거나, 물품에 따른 보관이나 운반의 어려움, 물건마다 서로 다른 가치로 평가되는 문제 등으로 인해 무척 불편했을 테니까요. 심지어 여러 물건을 한꺼번에 교환하려면 더더욱 복잡했겠죠? 이런 불편을 해소시켜 줄 뭔가가 절실히 필요해진 것입니다.

높은 가치가 공유되는 물품화폐의 등장

물물교환이 쉽게 이루어지면 좋겠지만, 조금 전 설명한 것처럼 불편함이 계속 생겨나다 보니 사람들은 고민에 빠졌습니다. 어떻게 해야 더 편리하고 빠르게 물품을 교환할 수 있는지 방법을 생각했죠. 그래서 당시 다수에게 귀하게 여겨진, 즉 높은 가치가 공유되었던 물품들이 화폐를 대신하게 됩니다. 즉 쌀, 가죽, 소금, 가축 등은 다른 어떤 물건과도 바꿀 수 있는 가치가 있다고 서로 인정하고 공유하게 되었던 거죠. 이것이 바로 **물품화폐**입니다.

글자 그대로 화폐의 기능을 하는 물건이라는 뜻이에요. 조개껍데기도 물품화폐의 하나인데 나누기 쉽고, 작아서 휴대하기가 용이하

ⓒ위키미디어

조개화폐
BC 8세기경 유통된 것으로 추정되는 중국의 조개 화폐이다. 물물교환에 비하면 크게 발전된 형태이지만, 장기간 사용 시 부서지거나 닳는 등의 훼손 문제가 있었다.

며, 썩지도 않는 등 화폐로 사용하기 좋은 점을 두루 갖췄기 때문입니다. 화폐(貨幣)의 한자를 잘 살펴보면 조개를 뜻하는 '패(貝)'가 글자 속에 포함된 것을 알 수 있는데, 일찍이 조개껍데기가 화폐로 사용되었기 때문에 유래된 것입니다.

물물교환과 비교하면 물품화폐는 상당히 발전된 형태이기는 합니다. 그래도 여전히 운반, 저장, 분할 등에 많은 불편함과 한계를 드러냅니다. 먀오옌보의 《돈의 탄생》(현대지성, 2021)에 따르면 몇몇 물품화폐는 계산이 불편하고 유통 과정에서 훼손되기 쉽고, 또 갖고 다니기에는 지나치게 무거워 그나마 조개껍데기만이 지속적으로 사용됐다고 합니다. 생각해 보세요. 소금은 비만 와도 녹기 쉬웠고, 가축은 먹고 싸는 문제로 관리가 힘들었겠지요? 곡식도 갖고 다니면서 없어지거나 변질되는 일이 생기기도 했을 것입니다.

조개껍데기마저 장기간 사용하기에는 불편한 점이 많았죠. 충격을 받으면 깨지기 쉽고, 마찰에 의해 닳기도 했으니까요. 일부라도 부서지거나 닳아서 모양이 변형되면 처음과 같은 가치를 제대로 인정받기 어려웠을 것입니다. 결국 사람들은 훨씬 더 내구성이 있는 소재를 찾게 되었죠. 잘 깨지지도 않고, 시간이 흘러도 변형되지 않으면서 모두가 가치 있다고 인정할 만한 물건 말입니다.

그래서 등장한 것이 요즘에도 높은 가치를 인정받는 금이나 은 같은 광석이에요. 이런 것들이 기존 물품화폐의 자리를 대신하게 된 거죠. 광석을 물품화폐로 사용하자 곡식이나 가축, 조개껍데기 등의 물품화폐에 비해 여러모로 훨씬 편리했습니다.

금속화폐, 교환수단을 넘어 권력이 되다

내구성이 강한 광석은 기존 물품화폐가 가진 문제점들을 보완해 주었습니다. 하지만 거래가 활발해질수록 불편함이 속속 드러납니다. 먼저 휴대성입니다. 광물의 특성상 크고 무거워서 갖고 다니기에 불편했죠. 그리고 도량 문제도 빼놓을 수 없습니다. 거래에 사용되는 광물의 크기나 모양, 무게, 불순물이 섞인 정도 등이 워낙 제각각이다 보니 거래할 때마다 가치의 측정이나 평가에 있어 크고 작은 시시비비가 끊이지 않았겠지요? 결국 사람들은 또 고민하게 됩니다. 휴대와 운반에 편리하면서도, 거래할 때 가치를 쉽게 비교하여 측정할 수 있으며, 교환에도 편리한 물건이 없을까 하고요. 그렇게 탄생한 것이 부피가 작으면서도 일정한 크기와 모양을 갖춘 **금속화폐**입니다.

초창기에는 대부분 뜨거운 열로 금속을 녹여 액체처럼 무르게 만들고, 이를 고정틀에 부어 정해진 모양과 크기로 제작한 것입니다. 여기서 핵심은 누구나 갖고 있으면 똑같은 가치로 교환할 수 있도록 '일정한 크기와 모양'으로 만들었다는 점입니다. 요즘으로 치면 '동전'이지요. 그냥 광석 상태로 거래할 때는 개인이 가진 크기와 모양, 함량 등이 제각각이라 시비가 생길 수 있었지만, 같은 모양과 크기로 일정하게 만들면서 비로소 범용화가 가능해진 거죠.

세계 곳곳에서 등장한 금속화폐에는 또 다른 공통점이 있습니다. 그건 바로 화폐가 유통되는 사회의 지배 계층 또는 리더 그룹이 직접 개입한 정황이지요. 금속화폐의 탄생은 단순히 **교환** 수단으로써 화폐의 기능적인 발전만을 의미하지 않습니다. 왜냐하면 금속화폐는 그 자체로 **권력**의 수단이 되었기 때문입니다.

집단생활을 하는 동물들은 대체로 서열이 존재하는데, 이는 인류도 마찬가지입니다. 아마 처음부터 위아래가 있었다기보다, 함께 생활하다가 다양한 의사결정 상황을 마주했을 것이고, 그 과정에서 영향력을 발휘하는 누군가가 등장했겠죠. 힘이 세거나 지혜롭거나, 기타 특출난 능력 등을 가진 누군가는 무리를 이끄는 지도자가 되고, 지도자와 그의 가족들은 특별한 대접을 받았겠죠? 또 지도자 주변에서 그림자처럼 보좌하는 측근들까지요.

또 무리 간에 다툼, 즉 전쟁이 일어나면 진쪽이 이긴 쪽 무리에 흡수되기도 했습니다. 자연스럽게 지배층과 피지배층, 즉 '계급'이 형성되었겠죠. 더 나아가 지배계층은 화폐 제작을 통해 점점 더 큰 권력을 행사할 수 있게 되고, 나아가 누구도 함부로 넘볼 수 없도록 권력을 더욱 굳건히 다지는 수단이 되었던 것입니다.

정복 전쟁과 함께 각국으로 퍼져나간 서양 동전

먼저 살펴볼 것은 서양의 동전입니다. 현재까지 발견된 동전 중 가장 오래된 것은 기원전 7세기, 리디아 왕국(튀르키에 서부 지역)[7]에서 만들어진 동전으로 알려졌습니다. 리디아 왕국에서 만든 동전은 금, 은이 섞인 호박금으로 만들어졌습니다. 동전의 앞면에는 리디아 왕의 상징인 사자의 도안과 동전의 무게가 새겨져 있었는데, 시간이 흐르면서 뒷면에도 문양을 넣었다고 합니다. 당시 왕은 곧 신뢰의 상징이니 새로운 돈도 믿었겠죠. 그런 신뢰 속에 돈은 재화와 서비스의 거래 수단으로 자리잡게 됩니다.

근데 막상 동전을 사용해 보니 편리함과 혜택이 매우 컸고, 점차 인근 그리스로까지 전파되었죠. 이후 그리스의 도시 국가들은 리디아의 룡선을 본떠 사신들만의 새로운 동전을 만들어 사용하기 시작했습니다. 특히 정복자 알렉산더 대왕으로 유명한 마케도니아의 알렉산드로스 3세는 자신이 통치하는 곳에서 자기 얼굴과 이름이 새겨진 주화를 사용하게 하였죠. 이미 알고 있는 독자도 있겠지만, 알렉산더 대왕은 그리스·페르시아·인도 등 유럽과 아시아, 아프리카 대륙을 아우르는 거대한 대제국을 건설하여 그리스와 오리엔트 문화를 융합시킨 헬레니즘 문화 형성에 기여한 패권 군주(인물)입니다. 정복전쟁 속에 화폐도 자연스럽게 전파되었겠지요.

또한 그리스에 이어 지중해의 패권을 차지했던 로마 제국도 마찬가지였습니다. 자신들이 만든 주화를 주변 지역 정복과 상업 무역을 통해 유럽 전 지역으로 전파하고 확산시켰죠. 당시 로마 제국은 활발한 주변 지역 정복 활동을 통해 제국의 영토를 점점 넓혔습니다. 그와 함께 로마의 주화는 유럽 지역은 물론 인도를 포함한 서아시아 지역과 러시아 일부에 이르는 지역까지 널리 퍼져나가게 된 거죠.

....
7. 소아시아의 서부지방에서 BC7~BC6세기에 번영하였다. 이 지역은 기후가 온화하고 토지는 비옥하며 광산물도 풍부하였다고 한다.

농업 중시와 중앙집권 강화의 의미가 담긴 동양 화폐

사실 금속화폐는 서양보다 동양에서 조금 더 앞서 등장했습니다. 다만 서양의 동전처럼 원형은 아니었지요. 기원전 8세기부터 중국에서는 청동으로 만든 화폐가 사용되기 시작했는데, 칼처럼 생긴 도전(刀錢)과 농기구인 쟁기처럼 생긴 포전(布錢)이 그것입니다. 화폐의 형태에서도 당시 농업이 사람들의 생활에서 얼마나 중요한 부분을 차지했는지 짐작할 수 있죠. 그리고 이것이 현재까지 발견된 세계 최초의 금속화폐로 알려집니다. 시기적으로는 리디아 왕국에서 주화가 사용된 것과 거의 비슷하죠.

포전과 도전은 대략 기원전 8~3세기에 사용된 것으로 추정됩니다. 이 시기는 바로 중국 주나라에서 춘추전국시대에 이르는 혼돈의 기간이죠. 기원전 3세기 주나라의 제후국 중 하나였던 진나라가 전국을 통일(BC 221~BC 206)하며, 중국 최초의 중앙집권적 통일제국이 탄생했죠. 통일 후 시황제는 도전과 포전의 사용을 금지한 후, 통치의 효율성을 높이고 중앙집권 강화를 위해 도량형과 화폐를 통일합니다. 그렇게 만들어진 화폐가 바로 반량전(半兩錢, 한 냥 절반 무게의 동전)으로 동양 최초의 동전이에요. 서양 동전과 가장 큰 차이점은 바로 동전의 안쪽입니다. 동전 안쪽이 채워진 서양 동전과 달리 이 반량전은 한가운데 네모난 구멍이 뚫려 있었으니까요. 이런 형태의 동전은 이후 '엽전'이라고 불리는 동양 화폐의 기본적인

반량전에 이렇게 깊은 뜻이?

진나라가 전국을 통일하고 만들어진 반량전은 청동을 소재로 무게 약 12수(약 8그램)로 통일되어 유통되었다. 동그란 모양 한가운데 네모난 구멍이 뚫려 있고, '반량(半兩)' 글자가 새겨진 것이 특징이다(40쪽 그림 참조). 동그라미는 하늘을 상징하고, 네모는 땅을 상징한다. 화폐 안에 하늘과 땅을 품고 있는 의미도 있지만, 가운데 구멍을 만듦으로써 제조와 유통의 기능적 측면을 고려한 것으로 볼 수 있다.

모양으로 자리를 잡았습니다.

이렇듯 세상에 등장한 금속화폐는 점점 뿌리를 내렸습니다. 권력자의 흥망성쇠와 그 운명을 함께하며 다양한 재질과 형태의 금속화폐가 오랜 기간 생겨나고 사라지기를 반복했던 것입니다. 기존 물물교환이나 물품화폐보다는 훨씬 편리했지만, 아쉬운 점이라면 소재의 특성상 무거워서 여전히 휴대성이 좀 떨어지는 것이었습니다. 소소한 거래야 큰 문제가 없지만, 거래가 커질수록 필요한 화폐의 양도 많아질 수밖에 없으니까요. 그렇게 좀 더 가볍고 들고 다니기 편리하면서도 보관하기 쉬운 화폐의 필요성이 대두되었고, 드디어 종이 화폐, 즉 지폐가 나타난 거죠.

리디아 왕국(출처 : 위키미디어)　　　　　포전(출처 : 한국은행)

고대 그리스(출처 : 위키미디어)　　　　반량전(출처 : 위키미디어)

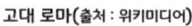

고대 로마(출처 : 위키미디어)

지폐의 등장,
"이곳에 제 돈을 맡겼습니다"

지폐는 오늘날처럼 정부에서 발행하는 형태로 등장하지 않았습니다. 초창기의 지폐는 동서양을 막론하고 '보관증'에 가까웠죠. 즉 사사로이 소장한 화폐를 분실하지 않도록 어딘가에 맡기고, 이에 대한 보관 증서로써 지폐의 역사가 시작된 것이에요. 좀 더 자세히 들여다볼까요?

오늘날 개인끼리는 물론 기업이나 나라 간을 포함하는 세상 모든 거래의 기반에는 **신용**이 자리합니다. 종이 화폐 또한 태생적으로 신용에 기반합니다. 예컨대 금속화폐의 재료로 사용된 희귀한 광물은 그 자체로 가치를 평가할 수도 있습니다. 하지만 종이는 조금 다릅니다. 돈 자체가 가지고 있는 가치가 아닌 순전히 상호 신용을 바탕으로만 가치를 인정받을 수 있지요.

지금 우리가 사용하는 지폐를 예로 들어볼까요? 아무리 봐도 화폐 용지는 달라 보이지 않는데 인쇄된 숫자가 어떤 건 1,000원이고, 또 어떤 건 50,000원으로 서로 다르죠? 하지만 아무도 1,000원짜리를 50,000원짜리라고 우기지 않습니다. 두 지폐의 서로 다른 교환가치를 우리 모두가 암묵적으로 인정하기 때문입니다. 그래서 이를 **명목화폐, 즉 신용화폐**[8]라고 부르는 것이에요.

....
8. 지폐는 소재(종이) 가치가 액면가치(지폐 표면에 금액으로 표시된 가치)와 동일하지 않지만, 교환수단으로써 가치가 있다고 인정한다. 이를 '명목화폐(신용화폐)'라고 부른다.

다만 지금의 지폐는 각 나라 제작 공정에 다소 차이는 있겠지만, 개인이나 일반 기관이 아무렇게나 생산, 복제, 위조할 수 없도록 다양한 기능을 갖춘 특수한 비밀용지에 제작되고, 그마저도 우리나라의 한국조폐공사처럼 권한을 부여받은 곳에서만 독점적으로 제작할 수 있습니다. 또 부족하다고 함부로 찍어낼 수도, 또 개인이 맘대로 훼손하거나 폐기할 수도 없습니다. 화폐와 관련되어 온갖 법적 장치가 마련되어 있고, 이를 위반하면 죄를 엄중히 묻고 있지요.

하지만 처음 지폐가 생겨났을 때는, 이런 제도적 장치들이 마련되지도 않았습니다. 그저 상호 신뢰만으로 종이에 적힌 내용의 가치를 서로 인정한 셈이니, 어떤 면에서 생각하면 조금 낭만적이기도 합니다. 따지고 보면 글씨가 적힌 종이쪼가리에 불과하니까요.

아무튼 세계 최초로 돈 대신 종이가 사용된 건 10세기 말입니다. 바로 997년 중국의 북송 시대 사천지방에서 발행된 **교자**이지요. 이것이 현재 우리가 일반적으로 사용하는 지폐의 뿌리라고 할 수 있습니다. 다만 교자를 공신력 있는 지폐로 부르기에는 좀 부족합니다. 왜냐하면 정부 차원에서 발행된 것도 아니었고, 그저 "돈(철전)을 맡겨놓았습니다"라는 것을 적은 일종의 예탁증서였으니까요.

교자가 처음 사용된 배경은 상인들의 편의 때문이었습니다. 당시 중국에서 사용된 화폐는 구리전도 있지만, 대체로 무거운 철전(鐵錢)이었죠. 이를 장사치들이 기나긴 장삿길에 갖고 다니려니 워낙 무겁고 부피도 많이 차지했고, 도중에 도둑을 맞아 잃어버릴 위험도 매우 높았습니다. 철전의 양과 금액을 종이에 적은 교자는 휴대

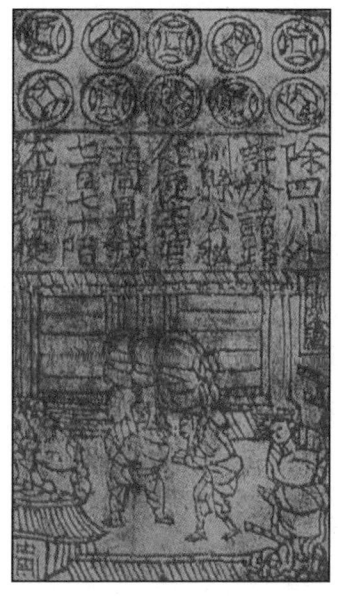

교자 ⓒ위키미디어

동양 지폐의 기원으로 알려진 교자는 탄생 시점에서는 영수증에 더 가깝지만, 신용을 쌓아가며 화폐로서 기능하게 되었다. 사진은 약 1,000년 전 중국 송나라 때의 교자다.

성이 뛰어나다 보니 상인들이 철전 대신 즐겨 사용하게 된 거죠.

처음에는 교역하는 상인들 사이에서만 사용되다가, 1023년에 '교자발행소'가 세워지면서 일반에도 교자가 유통되었다고 합니다. 앞서 이야기한 것처럼 교자는 지금 우리가 사용하는 지폐처럼 나라에서 발행한 것이 아닙니다. 그저 상인들에게 돈을 맡겨두었다는 것을 증명하기 위한 종이 문서에 불과했기 때문에 지폐를 믿고 거래했다가 상인이 망하거나 도망을 가버리면 그 교자는 휴지 조각과 다름없게 되었습니다.[9]

....
9. 이런 점 때문에 지폐라기보다는 어음에 가깝다고 볼 수 있다.

이런 폐해 때문에 1170년 남송 시대에 사사로운 교자 발행을 금지하고, 나라에서 직접 발행하게 됩니다. 드디어 정부 차원에서 공식적으로 지폐가 발행되기 시작한 거죠. 이 지폐를 가져오면 나라에서는 언제든지 금이나 은으로 바꾸어 주었으니, 정부가 보증한 세계 최초의 지폐인 셈입니다. 다만 지폐가 대량으로 발행된 것은 좀 더 지난 원나라(1271~1368) 때입니다. 금, 은, 동을 정부가 강제로 보관하는 대신에 이를 보증하는 지폐를 발행함으로써 좀 더 대중적으로 활발히 지폐를 유통시키게 됩니다.

실패로 돌아간 서양 최초의 지폐

이제 서양의 지폐 역사를 살펴볼까요? 17세기 유럽에서 처음으로 지폐가 등장했으니 동양에 비해 한참 뒤입니다. 유럽 사람들은 일찍이 《동방견문록》[10]이라는 책을 통해 중국에서 사용되는 지폐에 대해 알게 되었습니다. 사실 유럽은 오랜 기간 왕국들 간 전쟁이 끊이지 않았습니다. 잦은 전쟁으로 인한 국고의 손실로 각 왕실은 자금난에 시달려야 했지요. 그렇기 때문에 지폐에 대한 흥미를 느꼈지만, 막상 지폐를 발행할 준비가 전혀 되어 있지 않았죠. 왜냐하면 지폐를 발행하더라도 지폐의 가치를 서로 신뢰하

---

10. 13세기 말 이탈리아인 탐험가 마르코 폴로의 아시아 여행기를 집대성한 구전 필사 기행문이다. 원제는 백만가지 이야기, 또는 세계 불가사의의 서(世界 不可思議의 書)다. 마르코폴로가 지었다고 알고 있는 사람도 있지만, 실제 집필은 전기소설 작가인 루스티치아노로 알려졌다.

게 되리라는 보장이 없었기 때문입니다.

유럽에서 최초로 지폐를 도입한 나라는 17세기 스웨덴입니다. 스웨덴은 17~18세기에 걸쳐 발트해의 패권을 장악한 제국이었죠. 그 무렵 스웨덴으로 넘어간 팔름 스트러흐(Johan Palmstruch, 1611~1671)라는 네덜란드 출신 사업가가 카를 10세(Karl X Gustav, 재위 1654~1660)에게 은행 설립을 수차례 제안했습니다. 은행 이익의 절반을 왕과 나누는 조건으로 카를10세는 결국 그의 제안을 받아들였고, 1656년에 스톡홀름은행(stockholms Banco)이 설립되었죠. 이 스톡홀름은행은 스웨덴 중앙은행인 릭스방크(Riksbank, 1668년 설립)의 전신인데, 이 릭스방크는 세계 최초의 중앙은행이기도 합니다.[11]

스톡홀름은행은 시중에 유통 중인 동판 화폐(오른쪽 사진 참조)를 예치하면 그에 관한 영수증을 발행하였습니다. 돈을 맡겨두었다는 것을 증명한 서류라는 점에서 역시 교자와 비슷합니다. 스톡홀름

©위키미디어

스웨덴의 동판화폐

16세기부터 스웨덴에서 유통된 구리로 제작된 동판화폐다. 특히 스웨덴의 금속화폐는 유별나게 무거운 것으로 유명하다. 웬만한 거래를 위해 필요한 이 동판화폐를 운반하는 데 마차까지 동원되어야 할 정도였다고 한다. 가장 많이 사용된 스웨덴 10달러 기준으로 무게가 약 19.7킬로그램에 달했던 것으로 알려진다.

....
11. 영란은행을 세계 최초의 중앙은행으로 보는 의견도 있다.

스톡홀름은행이 발행했던 보관증(1661년)   ⓒ위키미디어

서양 지폐의 기원도 동양과 마찬가지로 돈을 맡겨두었다는 것을 증명한 서류에서 출발하였다.

은행의 수익모델은 예치된 동판 화폐를 대출하여 발생한 이자로 수익을 내는 방식이었습니다. 하지만 머지않아 문제가 발생합니다. 예금은 주로 단기인 반면, 대출은 장기로 운용되다 보니 예금과 대출 간에 기간 불일치가 생기게 된 것입니다. 이로 인해 요즘으로 치면 현금화에 제동이 걸리는 유동성 문제가 발생한 거죠.

유동성 문제를 해결하고자 1661년 은행권을 발행하기 시작하였는데, 이 스톡홀름은행이 발행한 은행권이 바로 유럽 최초의 지폐라고 할 수 있습니다(위 사진 참조). 하지만 나름 성공적으로 운영되던 이 은행권은 1660년 카를 10세 사망과 함께 어려움에 봉착합니다. 여타 화폐들처럼 권력자와 운명을 함께한 셈이죠.

1660년 왕의 사후 바뀐 집권당이 화폐개혁을 실시하면서 새로운 통화를 발행합니다. 그런데 새롭게 발행한 통화는 그동안 유통되던 구리 동판 화폐보다 함량이 낮았음에도 동일 액면으로 발행되었습니다. 그러다 보니 기존 동판화폐의 내재가치가 새로 발행된 화폐보다 높아진 셈이었죠. 이로 인해 예금자들은 맡겨둔 기존 동판화폐를 인출하기 위해 앞다투어 은행으로 몰려가게 됩니다. 그 문제를 제대로 해결하지 못한 스톡홀름은행은 1668년에 결국 망하게 되었고,[12] 유럽 최초의 지폐는 실패로 돌아가게 됩니다.

금 보관 서비스와 함께 본격화된 서양의 지폐 역사

서양에서 지폐가 본격적으로 발달하게 된 것은 영국입니다. 실제로 영국은 예금을 받고 대출을 해주는 상업은행이 세계에서 가장 먼저 뿌리를 내린 나라이기도 합니다. 오늘날 세계 금융의 중심이라고 하면 '미국'이 떠오르겠지만, 일찍이 산업혁명에 성공한 영국은 미국보다 먼저 세계 금융을 장악했지요.

특히 17세기 말 런던은 국제 무역의 중심지로 엄청난 금화가 유입되었습니다. 그와 함께 막대한 부를 축적한 상인들도 늘어나면서 금화를 보관하는 문제가 골칫거리로 떠올랐죠. 상인들은 자신들의 금화를 안전하게 보관할 만큼 규모를 갖추면서 보안도 잘된 장소를 물색했습니다. 그러다 눈에 들어온 것이 바로 대형 금고를 갖추고

---

12. 스톡홀름은행은 파산 후 국유화되었고, 유럽 최초의 중앙은행인 릭스방크(Riksbank)가 설립된다.

있던 런던의 금세공업자, 즉 골드 스미스(Goldsmith)[13]였지요. 상인들은 금화를 금세공업자에게 맡기고 금화를 얼마 맡겼다는 영수증을 받았습니다. 그렇게 세공업자들은 본격적으로 금 보관 서비스를 시작하게 됩니다.

시간이 흐르면서 상인들과 금세공업자 간에 두터운 신뢰가 쌓이게 됩니다. 그러자 상인들은 거래 대금으로 금화를 직접 지급하는 대신 영수증, 즉 골드스미스노트(Goldsmith's note)로 지급하기 시작했습니다. 그리고 그 영수증을 받은 또 다른 상인도 이를 다시 거래 대금 지급에 사용하기 시작했지요. 금세공업자가 발행한 골드스미스노트(Goldsmith's note)가 금화와 동일한 가치를 인정받게 된 것입니다. 골드스미스노트가 처음 발행되었을 때만 해도 그저 예탁된 금에 대한 증서로만 인정되었지만, 금세공업자들이 신용업자, 말하자면 금융중개인으로 발돋움함으로써 약속어음의 형식을 취하게 되었고, 점점 현금처럼 널리 유통된 셈이죠. 금세공업자의 영수증이 지폐로 진화하게 된 것입니다.

중앙정부 차원에서 본격적으로 지폐를 발권한 것은 17세기 후반의 영란은행[14]입니다. 사실 그 무렵 잉글랜드 왕국은 9년전쟁(1688~1697)을 치르며 많은 자금을 전쟁에 쏟아붓고 있었습니다. 비

---

13. 중세 시대에는 직업에 따라 성을 사용했는데, 대장장이는 스미스(Smith)라는 성을 사용했고 그중에서 금을 세공하는 사람은 골드스미스(Goldsmith)라고 했다.
14. 여기서 '영란(英蘭)'은 '잉글랜드(England)'의 음역어(한자로 외국어의 음을 나타낸 것)로 실제로는 잉글랜드 은행(Bank of England)이다. 잉글랜드 은행은 1946년에 국영화되고, 1998년에 공기업으로 전환되었으며 금융정책의 독립성을 보장받고 있다.

ⓒ위키미디어

영란은행 설립 승인
오랜 전쟁으로 재정난에 시달리던 잉글랜드 왕국은 자금 조달을 위해 1694년 영란은행의 설립을 허가하게 되었다.

치헤드 해전에서 프랑스에 크게 패한 영국 왕실은 해군 육성을 위해 120만 파운드에 이르는 엄청난 자금이 필요했으나, 정부 역량만으로 자금을 조달하기에는 역부족이었죠. 그래서 잉글랜드 정부는 이 기금을 조성하기 위해 당시 유대인 상인들로부터 120만 파운드를 투자받아 1694년에 영란은행을 설립합니다. 기금 조성을 위해 은행 지주회사를 세우고, 투자금을 낸 유대인 상인들은 오늘날로 보면 '대주주'가 되는 셈이니, 세계 최초로 설립된 주식회사인 것이에요. 이후 영란은행은 발권력[15]을 부여받아 은행권을 발행했는데, 이것이 최초로 성공한 유럽의 지폐라고 볼 수 있습니다.[16] 은행의 발전사에 대해서는 이후 뒤에 이어질 '금융' 이야기에서 좀 더 자세히 알아볼 기회가 있을 것입니다.

....
15. 국가가 그 가치를 인정하고 지급을 보장하는 화폐를 발행할 수 있는 권한
16. 김장섭, 〈국가경쟁력 약화시키는 보조금 피해는 국민몫〉, 《스카이데일리》, 2019.4.15. 참조

Q 돈이 많으면 행복한가요?

A 돈과 행복의 상관관계를 정의 내리기는 어렵습니다. 다만 일정 수준의 돈은 행복한 삶을 살아가는 데 큰 도움이 됩니다.

돈과 행복의 관계에 대한 의견은 사람마다 다릅니다. 사람마다 자라온 환경, 부모의 재산 정도 등이 비슷한 수준이라 하더라도 만족하는 사람과 불만족스러워하는 사람이 있으니까요. 어떤 사람들은 돈이 많으면 행복하다고 생각하지만, 또 다른 사람들은 돈과 행복은 별개라고 생각합니다.

경제학적으로 '한계효용 체감의 법칙'으로 설명해 볼게요. '효용'이란 재화와 서비스를 사용하면서 얻는 즐거움이나 만족감을 말합니다. 여기서 '한계'라는 말은 '더해지다'라는 뜻으로 쓰입니다.

예를 들어, 배가 고파서 짜파게티를 끓여 먹었을 때, 처음 한 개를 먹을 때는 매우 맛있습니다. 하지만 배가 다 차지 않아 한 개를 더 먹었다고 합시다. 이때의 만족감은 처음 먹을 때와는 다를 것입니다. 이처럼 인간의 만족감은 첫 번째 소비에서는 크지만, 그다음부터는 점점 줄어들게 됩니다. 이것을 우리는 '한계효용'이 점점 줄어든다고 말합니다.

돈도 유사한데요, 연봉이 2천만 원인 직장인 A와 2억 원인 직장인 B가 있는데 A와 B 모두 연봉이 2천만 원씩 인상이 되었다고 가정해봅시다. 누가 인상된 2천만 원에 대해 훨씬 더 큰 만족감을 느낄까요? 당연히 A가 더 큰 만족감을 느낄 것입니다.

결국 돈과 행복의 관계는 개인마다 다를 수밖에 없습니다. 돈이 많으면 행복할 확률이 높지만, 돈이 바로 행복은 아닙니다. 그렇지만 돈은 여러 가지의 선택권을 줍니다. 그 선택권을 가지고 자율적으로 인생을 개척할 때 비로소 인간은 행복할 수 있습니다.

 **더 알아보기**

돈과 행복의 관계

경제학자 리처드 이스털린은 1946년부터 1970년까지 전 세계 30개국의 소득 수준과 행복의 상관관계를 조사했다. 그 결과 이스털린은 '일정 수준까지는 소득과 행복이 비례하지만, 소득이 일정 수준에 도달하면 더 이상 행복이 증가하지 않는다'는 연구 결과를 얻게 되었다. 이는 '이스털린의 역설'로 널리 알려져 있다.[17] 쉽게 말해, 부유해진다고 무조건 행복해지는 것은 아니라는 뜻이다.
돈은 우리 삶에서 떼려야 뗄 수 없지만, 돈 때문에 나의 행복을 놓치고 있지 않은지 곰곰이 생각해 보면 어떨까? 인생에서 돈이 전부는 아니니까.

....
17. 옥효진, 《[옥효진의 세금 내는 아이들] 돈과 행복의 상관관계》, 한국경제, 2022.9.4.

#신용카드

03

내 지불 능력을
믿어 주세요!

상호 신뢰에 기반하여 발전해 온 돈의 역사

앞에서 우리는 인류사에 '돈'이 어떻게 등장했는
지 살펴보았어요. 돈을 사용하여 거래 수단으로 이용한다는 것은
결국 사용자들이 돈의 가치를 서로 인정한다는 뜻입니다. 돈의 기
원과 발전 과정을 들여다보면 볼수록, '신용', '믿음', '신뢰' 같은 단
어가 계속 떠오르지 않았나요?

이런 상상을 해볼 수 있습니다. 아주 옛날에 인류가 물건을 서로
교환하던 시절이나, 화폐가 등장하고 난 후에도 분명 물건이든 돈

이든 바로 주고받을 수 없는 상황은 발생했을 거예요. 그럴 때 분명 이렇게 말하는 사람도 있지 않았을까요?

"나 믿지? 나중에 꼭 갚을게."

이처럼 상대에 대한 믿음, 즉 신용에 기반한 외상 거래가 존재했을 거라고 충분히 추측해 볼 수 있습니다. 돈의 역사는 신용과 함께 발전해 왔다고 해도 과언이 아닙니다. 당장 갖고 있는 역량을 넘어 미래의 성장 가능성까지 두루 살펴보며, 얼마나 믿을 만한지 두루 평가하는 거죠. 현대는 신용사회라고 불리는데, '돈'과 '신용'은 그만큼 불가분의 관계가 되었습니다. 특히 돈은 신용을 평가하는 주요 잣대이기도 합니다. 대금 결제, 카드 발급부터 대출, 대규모 투자에 이르기까지 모든 것이 신용평가에 근거해 이루어지지요.

잠깐만!

신용은 왜 중요한가요?

현대 사회에서는 신용이 재산이다. 신용을 이용해 물건을 사고팔 수 있고, 신용으로 돈을 빌릴 수 있기 때문이다. 은행은 손님의 신용의 좋고 나쁜 정도에 따라 등급을 나눠 돈을 빌려준다. 이때 신용이 나쁜 사람으로 등록이 되면 돈을 빌리기가 어렵다. 기업 또한 신용이 좋지 못하면 은행에서 돈을 빌리기 쉽지 않다. 우리나라도 IMF로부터 구제금융을 받았던 외환위기(이하 "IMF외환위기") 때 신용이 많이 떨어진 적이 있는데, 나라도 신용이 좋지 않으면 다른 나라와 거래를 하기 힘들다.

신용이 높을수록 금융생활에 유리하고, 낮을수록 불리합니다. 실제로 은행에서 수행하는 여러 가지 업무들 중 가장 중요하다고 할 수 있는 일은 대출을 받으려는 기업이나 개인의 신용도를 사전에 평가하고, 대출이 나간 다음에도 상환받기 전까지 지속적으로 신용상태의 변화, 특히 신용도 하락이 없는지를 잘 살피는 것이에요. 쉽게 말해 돈을 떼이는 일이 없도록 예방하기 위함이죠.

요즘 누가 현금 쓰나요?

여러분의 일상과 가장 맞닿아 있는 신용 거래 수단을 꼽으라면 바로 '카드'일 것입니다. 설마 카드를 모르거나 처음 들어본 사람은 없겠죠? 하다못해 티머니카드라도 사용하고 있을 테니까요. 요즘은 편의점에서 껌 하나를 사 먹을 때도 현금으로 지불하는 사람을 찾아보기 어려울 정도입니다. 시민들의 주요 교통수단인 버스도 최근 현금 없는 버스 운행이 빠르게 증가하고 있지요. 어쩌면 오랜 시간 운전사 옆자리를 차지하고 있던 현금통은 역사 속으로 영원히 사라질지도 모릅니다.

여러분도 지갑에 현금을 채우고 다니기보다는 체크카드 1장만 갖고 다니는 경우가 더 많을 것이에요. 또 부모님께 현금으로 용돈을 받기도 하겠지만, 자주 쓰는 온라인 페이를 충전해 주거나 통장에 바로 송금해 주시는 경우도 많을 거라 짐작합니다.

이처럼 카드는 오늘날 우리가 현금 대신 가장 널리 사용하는 결제 수단입니다. 뒤에서 조금 더 자세히 설명하겠지만, 그나마 체크카드는 통장 잔고 안에서만 결제가 이루어집니다. 하지만 신용카드의 경우 통장 잔고가 얼마인지와 관계없이 '신용카드 한도' 내에서 어떤 물건이든 살 수 있습니다. 신용카드의 '신용'이란 이 카드를 지불수단으로 지닌 사람이 미래에 부채를 상환할 수 있는 능력을 의미합니다. 그래서 당장 수중에 돈이 없어도 신용을 이용해 필요한 재화와 서비스를 사고, 나중에 갚도록 유예하는 거죠.

신용을 담보로 소비하는 시대가 열리다

신용카드가 언제 처음으로 등장했는지 아나요? 앞에서 살펴본 동전이나 지폐의 유구한 역사에 비하면 그리 오래지 않습니다. 20세기 후반, 자본주의가 본격적으로 몸집을 키우던 시기와 맞물리지요. 실제로 신용카드의 급속한 성장은 자본주의의 속성과도 밀접한 관련이 있습니다. 혹시 이런 말을 들어보았나요?

"자본주의와 소비는 하나다."

결코 과장이 아니라 그만큼 소비는 자본주의와 떼려야 뗄 수 없습니다. 이미 우리는 소비 없이 살아갈 수 없기도 하지만, 기업은 우리가 필요한 것보다 훨씬 더 많이 소비하도록 끊임없이 부추깁니다. 소비 규모가 제한되면 기업이 더 많은 물건을 팔 수 없으니까

우리나라는 언제부터 카드를 썼을까?

우리나라도 20세기 후반부터 신용카드가 도입되었다. 1969년 신세계백화점이 고객을 대상으로 만든 백화점 고객카드가 최초의 신용카드로 볼 수 있다. 다만 지금 우리가 쓰는 신용카드보다는 맥나마라의 카드판과 더 비슷하다. 진정한 의미의 신용카드는 1978년 외환은행(2015년 하나은행에 합병) 이 비자카드사와 제휴하여 만든 것이 시작이다. 이후 1980년대에 들어서 시중은행들이 은행별로 신용카드를 발급하기 시작했고, 5개 은행이 연합하여 BC카드를 만들어오다가 1987년 「신용카드업법」 제정을 계기로 삼성카드, 현대카드, 롯데카드 등 대기업 계열 카드사도 본격적인 카드 발급 및 영업을 시작하게 되었다.

요. 그래서 아직 쓸 만한 물건도 새로 더 좋은 것을 사서 바꾸도록 유혹하는 것입니다.

하지만 아무리 사고 싶어도 당장 그만한 돈이 없을 수 있지요. 가까운 사람에게 돈을 꿔서 사면 어떨까요? 아는 사람한테 돈을 꾸려면 아쉬운 소리도 해야 하고, 또 그 사람에게도 돈이 없거나, 때론 있어도 꿔 주지 않을 수도 있어요. 그럼 그냥 이대로 포기하나요? 아닙니다. 현대인에게는 신용카드가 있으니까요.

당장 돈이 없어도 소비를 가능하게 해주는 신용카드 덕분에 사람들은 끊임없이 소비를 하고 카드를 긁는 만큼 갚아야 할 대금청구서도 차곡차곡 쌓이게 됩니다. 그렇게 어느새 소비와 부채는 자연스럽게 한 몸이 되었습니다. 이처럼 신용카드는 폭발적인 소비 증가에 기여하면서 자본주의와 함께 엄청난 성장을 거듭해 왔죠.

이런, 지갑을 안 가져왔어…

이제부터 신용카드의 탄생을 알아보려고 합니다. 신용카드(credit card)라는 단어는 공상과학소설에서 처음 등장했습니다. 1888년에 소설가 에드워드 벨라미(Edward Bellamy, 1850~1898)는 《Looking Backward: 2000-1887》[18]이라는 공상과학소설을 발표했습니다. 이 책의 주인공 줄리안 웨스트는 19세기를 사는 인물이지만, 잠들었다가 깨어보니 2000년이 되었지요. 그동안 살던 세상과 완전히 다른 새로운 세상에서 눈뜬 주인공은 생전처음 보는 아주 신기한 돈을 만나는데, 그 돈은 여러분이 짐작하는 대로 '신용카드'입니다. 소설에서는 2000년에 눈뜬 주인공이 신용카드를 만나는 설정이지만, 실제로는 그보다 빠른 1950년대에 생겨났습니다. 여러분은 혹시 이런 경험 없나요?

"얘들아, 나 용돈 받았다! 오늘 내가 떡볶이 쏠게 가자!"

그리고 친구들과 우르르 떡볶이 가게로 몰려가 신나게 먹고 폼나

....
18. 다만 이 책은 자본주의가 사라진 2000년을 배경으로 한다. 국가가 모든 생산수단을 관리하고, 사람들은 누구나 평등하게 삶의 윤택함을 누리는 세상을 그리고 있다. 출간 당시 큰 반향을 일으키며 100만부가 넘게 팔려나갔고, 사회주의 운동과 여성 운동에도 영향을 미쳤다. 실제 신용카드는 자본주의의 소비지상주의와 맞물려 엄청난 성장을 이룬 점에서 아이러니하다. 참고로 이 책에는 신용카드 외에도 라디오, 텔레비전, 영화필름 등 당시 발명되지 않았던 현대 필수품들이 등장한다. 우리나라에는 《뒤돌아보며》라는 제목으로 번역판이 출간되었다.

게 계산하려는데, 지갑이 보이지 않는 것입니다. 참 민망하고 당황스럽겠지요? 신용카드가 탄생하게 된 계기도 이와 비슷하답니다. 1950년대 미국의 사업가 프랭크 맥나마라(Frank McNamara)가 뉴욕 맨해튼의 유명 레스토랑 메이저스 캐빈 그릴(Major's Cabin Grill)로 친구들을 초대했죠. 그런데 식사를 마치고 결제하려던 순간 돈을 안 가지고 온 것을 알게 된 것입니다. 초대한 친구들 앞에서 체면이 말이 아니었겠죠? 간신히 상황을 수습했지만, 맥나마라는 이때 겪은 불편함을 그저 당황스러운 에피소드 정도로 웃어넘기지 않았어요. 이렇게 곰곰이 생각하며 고민에 빠졌죠.

'돈 없이도 결제할 수 있는 방법이 없을까?'

바로 이 고민은 세계 최초의 신용카드인 다이너스 카드의 탄생 계기가 됩니다. 맥나마라는 얼마 뒤 '다이너스클럽'이라는 카드판을 만들어서 그 레스토랑을 다시 방문합니다. 그리고 앞으로는 이 카드판에 서명한 후에 나중에 한꺼번에 식사비를 계산, 즉 후불정산을 하겠다고 했지요. 말하자면 '날 믿고 결제를 유예해 달라'는 신용거래를 레스토랑 측에 제안한 것입니다. 레스토랑도 부유한 사업가인 맥나마라의 신용, 즉 지불 능력을 믿었기 때문에 이를 흔쾌히 받아들였죠. 맥나마라는 지인들에게도 그 카드를 나눠주었고, 카드판을 받아주는 식당도 늘려갔습니다. 요즘 말로 치면 '가맹점'을 모집한 것입니다. 이것이 바로 세계 최초의 신용카드인 다이너스

#전화위복_#신용카드의_#탄생

카드[19]의 효시입니다.

어때요? 재미있지 않나요? 전화위복(轉禍爲福)이라는 옛말은 역시 그냥 생겨나지 않은 것 같습니다. 여러분도 혹시 살면서 당황스럽거나 난처한 일을 겪게 되더라도 너무 낙심하지 않았으면 합니다. 어쩌면 그것이 엄청난 기회가 될지도 모르니까요.

체크카드 VS 신용카드

앞에서 우리는 신용카드가 어떻게 등장했는지 살펴봤습니다. 그러면 이제 좀 더 우리의 실질적인 소비생활 속으로 들어가 보겠습니다. 카드는 만들 수 있는 나이가 정해져 있다는 것을 알고 있나요? 체크카드는 만 12세, 신용카드는 만 19세 이상이 되어야 발급됩니다. 이제부터 두 카드에 관해 조금 더 구체적으로 살펴볼게요.

● 결제와 동시에 통장에서 돈이 빠져나가요

체크카드는 여러분도 이미 대부분 사용하고 있을 거예요. 은행에 입출금통장을 가지고 있으면 바로 발급되지요. 아직 계좌가 없다면 먼저 입출금통장을 개설해야 하는데, 14세 미만이라면 보호자(부모)가 대신 개설하게 됩니다. 이러한 경우 부모의 신분증, 자녀 명

....
19. 현재 다이너스카드는 미국의 글로벌 투자금융회사인 시티그룹이 소유하고 있다.

체크카드 발급을 위한 준비물

만 12~13세일 때	만 14세 이상
• 은행에 같이 갈 어른(부모님) • 부모님 신분증 • 나를 기준으로 한 가족관계증명서	• 내 신분증(청소년증, 학생증, 주민등록증, 여권 등) • 주민등록초본 • 내 도장 또는 서명

의의 도장, 최근 3개월 내 발급한 가족관계증명서가 필요하고, 간혹 기본증명서(상세)를 요구하기도 합니다. 또 만 14세가 넘었다면 직접 은행에 방문해서 개설할 수도 있습니다. 청소년증이나 주민등록증 등을 가져가야 합니다(자세한 내용은 위의 표 참조).[20] 다만 미성년자가 통장을 개설하는 경우 '한도제한계좌'로 개설됩니다. 은행마다 조금씩 차이는 있지만 대체로 다음과 같은 제한이 있지요.

신규로 은행 입출금 계좌를 튼 고객이 인터넷 모바일뱅킹, 현금자동입출금기에서 하루 30만 원, 영업점 창구에서 100만 원까지만 거래 가능하도록 제한하고, 각종 증빙서류 등을 제출해야 한도 제한을 풀어주는 제도이다. 대포통장, 보이스피싱 피해 등을 막기 위해 도입된 제도이다. 다만 미성년자의 경우 증빙서류를 제출해도 일회성으로만 제한을 풀 수 있다.[21]

....
20. 다만 은행에 따라 요구하는 추가 서류가 있을 수 있으니 방문 전 확인이 필요하다.
21. 시사상식사전: 금융거래 한도계좌 정의 참고

이렇게 통장을 개설하면 체크카드가 발급되고, 통장에 들어 있는 금액 범위 안에서 자유롭게 돈을 쓸 수 있습니다. 원하면 체크카드에 후불교통카드 기능을 넣을 수도 있습니다.

가게에서 체크카드로 결제하면 결제와 함께 통장에서 돈이 빠져나게 되지요. 만약 통장에 10,000원만 남아 있는데 11,000원짜리 물건을 결제하려고 하면 결제가 이루어지지 않는 거죠. 즉 결제 금액보다 반드시 많은 돈이 통장 잔고로 남아 있어야 합니다.

또 만 12~13세 체크카드 사용자라면 법적으로 하루 3만 원, 월 30만 원까지 결제 한도가 적용됩니다. 즉 아직 만 14세 이전이라면 통장 잔액이 4만 원 있어도, 하루에 3만 원까지만 결제할 수 있다는 뜻이에요. 이러한 결제 한도는 만 14세가 되면 풀 수 있습니다. 따라서 이후 은행에 방문하거나 고객센터에 연락해 한도 증액을 요청하면 됩니다.

● 일정 기간 사용하고 누적된 금액이 지정된 날짜에 빠져나가요

신용카드는 체크카드와 달리 통장 잔액이 아닌 카드를 발급받을 때 정한 신용카드 한도 내에서 사용할 수 있습니다. 예컨대 한도가 50만 원이라면 지금 통장에 50만 원이 없어도 결제가 가능하다는 뜻입니다. 반대로 한도가 초과되면 결제 승인이 나지 않고,[22] 카드사로 문의하라는 회신을 받게 되지요.

....
22. 신용카드의 사용한도는 역시 조정은 가능하나, 신용상태에 따라 달라질 수 있다.

죽음까지 부른 카드대란을 아시나요

지금의 우리나라는 소비 천국이라고 해도 과언이 아니지만, 1980년대 이전까지만 해도 국민 대다수는 너나 할 것 없이 허리띠를 졸라매며 근검절약했다. 그러다가 1980년대 들어 서울올림픽 개최를 포함하여 급격한 경제성장이 맞물리며 일반인들도 씀씀이가 매우 커지기 시작했다. 그런 과소비 문화의 확산과 함께 카드사들도 급성장하게 된다.

얼마나 카드 발급을 남발했는지, 당시 강아지한테도 신용카드를 발급한다는 우스갯말이 나돌 정도였다. 그만큼 개개인의 신용 상태를 제대로 고려하지 않은 채 경쟁적으로 신용카드를 발급한 것이다. 카드사들은 다양한 프로모션을 통해 카드 발급량을 늘리는 데만 혈안이 되었다. 지갑 속에 여러 장의 카드를 빼곡히 넣고 다니는 사람이 많았다.

그러다가 1997년 IMF외환위기가 터지게 되었다. 금융위기 속에 기업이 줄줄이 도산하고 실직자들이 급증했다. 그와 함께 생계비를 위한 신용카드 리볼빙까지 급증하면서 카드 돌려막기가 횡행했다. 즉 카드 빚을 또 다른 카드로 메꾸는 악순환의 연속이었다. 그럼에도 카드사들은 카드 발급을 멈추지 않았다. 결국 2003년 카드대란이 터지면서 카드회사의 줄파산은 물론 수백만 명이 넘는 엄청난 신용불량자가 양산되며 큰 사회문제가 되었다. 심지어 빚더미에서 헤어날 자신이 없어 소중한 생명까지 스스로 포기하는 사람도 많았다.

이 사건은 신용카드 발급 기준 및 현금 서비스 규제 등을 강화하게 된 계기가 되었다. 아울러 대중이 본격적으로 재테크에 관심을 기울이게 된 계기도 되었다.

예컨대 사용 한도가 50만 원인데, 아직 대금 결제일이 지나지 않았고 어제까지 누적된 카드 승인 금액이 49만 원이라고 가정할게요. 그런데 오늘 추가로 15,000원짜리 참고서를 카드로 결제하려고 하면 결제 승인이 나지 않는 식입니다.[23] 즉 누적된 금액이 한도에 이르면 그것을 갚은 후에 다시 사용할 수 있다는 뜻이에요. 이처럼 신용카드는 지정된 결제일까지 누적된 금액에 대한 지불을 유예해 주는 방식입니다. 결제와 동시에 통장에서 돈이 빠져나가는 체크카드와의 가장 큰 차이점이지요.

대책 없이 신용카드를 긁어대는 사람들 중에는 결제일에 통장 잔고가 부족하여 난감한 상황을 겪기도 합니다. 카드대금 연체(5일 이상)가 반복되면 금융전산망에 연체기록이 남고, 이는 신용에 영향을 미쳐 훗날 대출 등 신용이 필요한 은행거래에 불이익을 받게 되지요. 한때 우리나라에서도 무분별한 카드 발급으로 인해 결국 카드대란까지 일어난 적이 있습니다(관련 내용은 63쪽 글상자 참조).

현재 신용카드는 결제일에 돈을 갚을 수 있는 능력이 있는 사람에게만 발급해 줍니다. 즉 그 사람의 직업, 소득 수준, 재산 등 신용 상태를 꼼꼼하게 따져보고 발급해 주는 것이에요. 그리고 19세 미만은 직장이 있는 경우를 제외하고 신용카드를 발급받을 수 없기 때문에 아직 고등학교를 졸업하지 않았다면 '엄카(엄마 신용카드)'만 써보았을 것입니다.

....
23. 이 또한 개인의 신용상태에 따라 한도를 일부 초과했을 때 카드사에서 임의로 승인해 주는 경우도 있다. 하지만 원칙적으로는 한도 내에서만 결제 승인이 이루어진다.

카드사는 신용카드로 어떻게 돈을 벌까?

이번에는 사용자와 가맹점, 카드사 간의 결제 메커니즘을 알아볼게요. 아울러 어떤 수익구조를 가지고 있는지 살펴볼까요?[24] 지금부터 이것에 관해 좀 더 살펴볼게요. 아래의 그림은 체크카드와 신용카드 결제 방식을 간략히 정리한 것입니다. 체크카드로 결제시 사용자의 계좌에서 물건값이 즉시 출금되고, 가맹

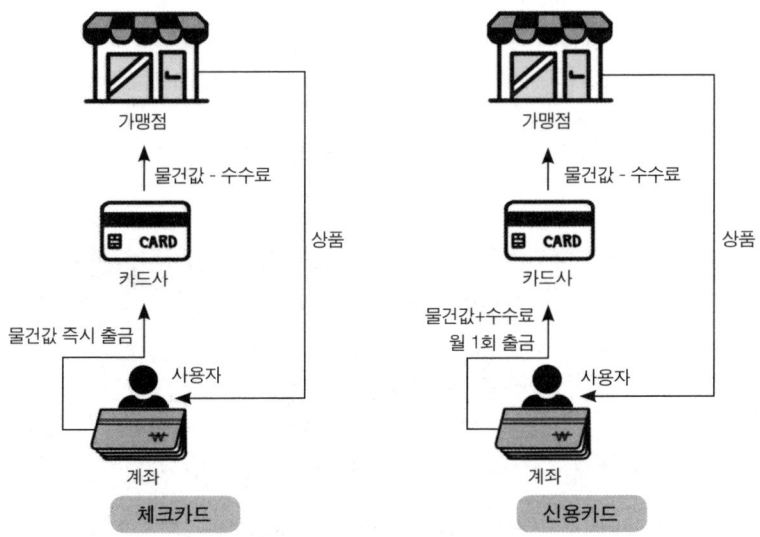

체크카드 결제방식(좌) 신용카드 결제방식(우)
체크카드는 결제마다 연결된 계좌에서 금액만큼 바로바로 빠져나가지만, 신용카드는 사용기간 내에 누적된 금액을 월 1회 결제하는 방식이다.

....
24. 체크카드로 결제 시 소비자의 통장에서는 결제대금만 빠져나간다. 하지만 체크카드를 받는 가맹점은 은행(카드사)로 약 0.2~0.5%에 이르는 수수료를 내야 한다.

앗, 카드를 잃어버렸어요!

카드를 지갑이나 가방에 잘 지니고 다닌다고 해도 잃어버릴 수 있다. 행여 나쁜 사람이 내 카드를 습득하여 몰래 사용하면서 통장의 돈을 써버리는 일이라도 생기면 정말 큰일이 아닌가? 사고 피해를 최소화하려면 다음과 같은 내용을 기억하자!

- 카드를 잃어버렸다면 바로 분실 · 도난 신고를 해야 한다. 카드 분실 · 도난 신고는 휴일을 포함하여 24시간 가능하다.
- 카드를 발급받으면 뒷면에 자필서명을 해야 한다. 서명이 되어 있지 않는 채 카드를 분실하면 부정 사용에 대한 피해 보전을 받지 못할 수 있다.

다만 카드를 분실하지 않게 잘 관리하는 것 이상으로 중요한 것은 계획성 있는 소비 생활임을 잊지 말자.

점에는 물건값에서 수수료가 공제되지요. 한편 신용카드의 경우 가맹점뿐만 아니라 사용자도 할부 이용 여부에 따라 소정의 수수료가 부가됩니다. 물건값은 누적되다가 월 1회 정해진 날짜에 **빠져나가**는데, 일반적으로 오래 지불을 유예, 즉 장기할부일수록 수수료율이 올라가요. 가맹점은 체크카드보다는 신용카드 수수료율이 약간 높고, 또 매출 규모가 작은 영세사업자일수록 수수료율이 내려갑니다.

아마 여러분도 평소 현금보다는 버스나 지하철을 타기 위한 교통카드나 체크카드[25]를 주로 사용할 것입니다. 교통카드는 미리 필요한 금액을 충전하고 충전한 금액 한도 내에서 자유롭게 버스나 지하철을 이용할 수 있습니다. 즉 선불로 대금을 결제하는 식입니다. 체크카드는 앞서 설명한 것처럼 카드와 연계된 계좌에 입금된 금액 한도 내에서 사용할 수 있으므로 즉시 결제방식이지요. 사실 눈에 보이지 않는 현금을 내는 것과 비슷합니다.

현금 사용자보다 카드 사용자가 늘면서 돈과 금융, 그리고 경제생활에서 신용이 차지하는 의미는 더더욱 커지게 되었습니다. 이제 신용을 잃으면 살아가는 데 많은 부분에서 제약을 받을 수밖에 없는 세상이 되었으니까요. 신용을 쌓기 위해서는 어릴 때부터 돈의 가치를 소중히 여기고, 지혜로운 소비 습관을 기르는 것이 중요합니다. 무분별한 소비에 빠지면 자칫 소중한 신용마저 갉아먹을 수 있다는 것을 기억하면 좋겠습니다.

....

25. 모든 체크카드로 교통수단을 이용할 수 있는 것은 아니다. 체크카드 뒷면에 '후불교통카드' 같은 문구가 있는 것에 한해 가능하다. 체크카드를 발급받을 때 교통카드로 사용할 수 있는 종류로 요청할 수 있다. 상품에 따라서 교통비 할인 기능이 있는 카드도 있다.

#암호화폐 #블록체인

04

화폐인 듯 화폐 아닌 듯?

| 유행어와 함께 대중에게 각인된 암호화폐

2018년을 뒤흔든 유행어가 있습니다. 갑자기 분위기 싸해진다는 '갑분싸', 굳이 알 필요 없는 정보까지 남발한다는 뜻의 'TMI', 또 자신의 성폭력 피해 경험을 저마다 용기 있게 폭로하며 성범죄의 심각성을 사회적으로 고발한 '미투' 등이 있습니다. 그런데 화폐와 관련된 유행어도 있습니다. 뭘까요?

"가즈아~!"

여러분도 한 번쯤 들어본 말일 거예요. 예전만큼은 아니지만, 지금도 종종 쓰이니까요. 이 말은 '가자'를 좀 더 힘 있게 표현한 것이에요. 이 말은 당시 무서운 기세로 상승세를 보였던 암호화폐에 대해 한껏 고양된 투자자들이 외쳤던 구호입니다. 앞으로 더 쭉쭉 올라보라며 가치 상승의 열망을 담은 응원인 셈이죠. 처음에는 몇몇 동호회를 중심으로 유행하다가 방송에서 언급되며 전국구 유행어가 되었습니다.

벌써 한참이나 지난 2018년 이야기를 왜 군이 꺼냈는지 궁금할 거

잠깐만!

암호화폐 투자 관련 또다른 유행어들

• **존버**: 비속어인 '존나'와 '버티다'의 줄임말로, 딱히 대책은 없지만, 일단 끝까지 막연하게 버티는 것을 뜻한다(사실 처음에는 '버티다'가 아니라 스타크래프트 게임 중 저그의 기술인 '버로우'(땅을 파고들어 숨는 기술)에서 시작된 말).

• **떡상/떡락**: 각각 비트코인 가격이 급상승하고 급폭락하는 장세를 의미한다.

• **층**: 투자자가 매입한 암호화폐 가격의 단위. 가령 2,400원에 암호화폐를 매입하였을 경우 아파트에 입주하듯 '24층에 입주'하였다고 표현한다. 한편으로 높은 '층'에 들어간 투자자들이 폭락장으로 손해를 보았을 때, 그 손해를 메꾸기까지 언제까지 '존버'해야 하냐는 의미에서 구조대라는 표현도 사용한다. '40층 구조대 언제 오냐?'는 식으로 활용할 수 있다.

• **코린이**: '코인'+'어린이'의 합성어로, 암호화폐 투자 열풍에 휩쓸려 뒤늦게 투자에 뛰어들었다 손해를 본 초보 투자자들을 주로 가리킨다.

• **구조대**: 각 층에 물려있는 시체되기 직전의 투자자들을 구해 주러 가는 다수의 익명 구매단을 뜻한다.

예요. 그건 2018년은 암호화폐 시장이 가장 뜨겁게 타오른 시기였기 때문입니다. 우리나라가 월드컵이 돌아올 때마다 4강 신화를 이룬 'AGAIN 2002'를 바라는 것처럼 암호화폐 투자자들은 'AGAIN 2018'을 꿈꾸죠. 그런데 2024년 미국 대선에서 도널드 트럼프가 징검다리 재집권에 성공하면서 암호화폐 시장이 또다시 들썩이게 됩니다. 그는 한때 암호화폐를 사기라고 비난했지만, 지금은 과거와 달리 가상화폐에 친화적 행보를 보이고 있죠. 실제로 트럼프 당선 후 대표적인 암호화폐인 비트코인은 사상 최고가를 경신하기도 했습니다.[26] 현재 암호화폐 시장에는 다양한 코인이 난무하지만, 이 책에서는 비트코인에 한해서만 다루기로 하겠습니다.

암호화폐의 핵심기술인 블록체인을 알아보자

암호화폐나 비트코인 이 뭔지는 자세히 몰라도 들어본 적은 있을 거예요. 비트코인은 암호화폐의 하나입니다. 방금 얘기한 것처럼 암호화폐 시장에는 비트코인 말고도 다양한 코인들이 있습니다. 어떤 코인은 생겨나기 무섭게 먼지처럼 사라지는데, 사라진다는 것은 아무도 그 가치를 인정해 주지 않았다는 의미예요. 하루아침에 가치가 사라지는 이런 변동성 때문에 암호화폐를 '화폐'로 간주하는 것에 대해 여전히 회의적인 사람들이 많은 거죠.

....
26. 하지만 최고가를 경신하기 무섭게 곧이어 큰 폭의 하락이 이어지는가 싶더니 또다시 신고가를 경신하는 등 고작 한 달 남짓한 기간에도 극심한 가격 변동성을 보였다.

혹시 암호화폐를 막연하게 온라인 시스템으로만 존재하는 화폐 정도로 알고 있지 않은가요? 암호화폐는 이름에 붙은 '암호'라는 표현으로 화폐가 암호로 잠겨 있다는 추측을 해볼 수도 있을 것이에요. 암호화폐의 실체를 알려면 '블록체인'에 관한 이해가 필요합니다. 왜냐하면 블록체인은 암호화폐의 핵심기술이니까요. 이 책이 과학책은 아니지만, 간략하게나마 블록체인이 무엇인지 알아보기로 하겠습니다.

● 위·변조가 불가능한 거래장부의 비밀

블록체인이란 무엇일까요? 그 메커니즘을 간단히 정리하면 다음과 같습니다.

특정인이 함부로 조작할 수 없는 거래장부를 만드는 방법

이게 무슨 뜻인지 지금부터 살펴봅시다. 블록체인은 이름처럼 블록과 블록이 체인으로 연결된 것을 말해요. 여기서 블록은 수많은 대기 거래를 보관하고 또 승인하는 블록체인 안의 온갖 기록들을 의미하지요. 그러니까 각 블록에는 일종의 장부가 들어 있는 셈이에요. 그리고 각 블록들은 모두 암호로 잠겨 있습니다. 게다가 이렇게 체인으로 연결된 블록이 하나둘이 아니라 엄청나게 많고, 서로 네트워크를 이루고 있는 것이 특징이죠.

이 블록체인은 모든 사용자들 간에 공유되며, 거래의 영속성을 검

중하고 이중사용[27]의 방지를 위해 사용됩니다.

거래장부를 만든다고 하면 대체로 거래 당사자들이 각자 장부를 만들어 보관하는 것이 떠오를 거예요. 즉 각자 장부 내용을 기록하고, 수정할 게 있으면 또 알아서 수정하는 방식이죠. 이와 달리 블록체인은 누구나 열람가능한 장부(블록)에 거래내역을 투명하게 기록·보존하고, 이것이 여러 대의 컴퓨터에 거래 내역을 나누어서 저장하는 분산형 데이터 저장기술이에요. 장부끼리는 마치 체인으로 서로 엮인 것처럼 네트워크를 이루기 때문에 '공공 거래 장부'라고도 부릅니다. 이 장부는 거래에 참여한 이들이 모두 거래 내역을 공유하기 때문에 만약 정보 위조를 시도하려면 특정 거래를 포함하는 모든 장부의 내역을 고쳐야 합니다. 하지만 서로 연결된 모든 블록 암호를 풀어내는 것이 현재로서는 불가능하므로, 사실상 위변조가 불가능한 구조입니다.[28]

● 누구인가? 누가 감히 장부에 손을 대었어?

자, 상황을 하나 가정해 볼게요. A와 B와 C는 거래관계입니다. A가 물건을 생산하면 B가 그것을 주문해서 C에게 판매하는 구조였어요. C는 B에게 상품 대금을 모두 결제했는데, B가 나쁜 마음을 먹

....

27. 악의적인 사용자가 한 번에 2명 이상의 거래자에게 같은 암호화폐로 거래하려는 것을 의미한다.
28. '현재로서'라는 단서를 붙인 이유는 양자컴퓨터 시대로 들어가면 암호해독 속도가 엄청나게 높아져 블록체인 암호해독도 가능해질 거라는 주장도 있기 때문이다. 다만 이 책에서는 논외로 한다.

게 됩니다. 그래서 C에게 받은 물건값 중에서 A에게 지급해야 금액 일부를 다른 곳에 써버렸지요. 마치 파손이나 불량상품 등으로 변제한 것처럼 잔고가 0이 되도록 장부를 여기저기 조금씩 고쳐놓은 거죠. 잔금 결제를 기다리던 A가 B에게 재촉하자 교묘하게 수정된 장부를 들이미는 것이에요. 물론 이 정도 간단한 상황이면 B의 거짓말이 곧 들통나겠지만, 거래에 얽힌 당사자들이 더 많고, 거래내역 또한 말도 못하게 복잡하다면 B의 거짓말을 발견하기가 어려울 수 있습니다. 그렇다면 나머지 사람들은 계속 B의 속임수에 당하고만 있어야 하나요?

블록체인은 아예 이런 속임수를 원천 차단하는 기술이에요. 즉 조금 전 사례로 이야기를 이어가 보면 블록체인 방식에서는 B는 물론 A나 C도 자기 장부라고 멋대로 수정할 수 없도록 거래에 얽힌 당사자들이(A, B, C) 장부, 즉 블록을 나눠 가지는 방식입니다. 이 공유 장부는 일정 시간마다 업데이트되며 오류를 수정해 나가지요. 하나의 블록이 기록으로 꽉 차면 또 다른 블록을 쌓아 새로운 내용을 채워나가게 됩니다. 이때 새로운 블록은 기존 블록에 체인으로 연결되어 거래 당사자들의 장부를 투명하게 공유하게 됩니다. 수정과 변경을 위해서는 블록에 연결된 당사자들의 암호가 필요해요. 따라서 블록체인 방식에서는 좀전의 B처럼 자기 장부만 몰래 고쳐놓는 시도 자체가 불가능한 거죠. 어떤 사소한 거래내역이든 간에 거래관계가 체인으로 연결된 다른 사람들의 장부 암호를 모르는 한 손을 댈 수 없는 구조인 것이에요.

● 중앙집중형 방식과 블록체인 방식

블록체인 방식은 우리가 익히 알고 있는 중앙기관을 거치는 거래보다도 안전합니다. 기존 중앙집중형 방식을 한번 살펴볼까요? 주로 은행과 같은 금융기관을 통한 금융거래에서는 중앙집중형 장부 서버에 모든 거래 기록이 보관됩니다. 그런데 아무리 보안을 철저히 한다고 해도 서버에 접근할 수 있는 권한을 가진 누군가에 의한 거래 기록의 변조 가능성을 완전히 배제할 순 없겠죠? 블록체인 방식은 이런 것마저 원천 차단합니다. 중앙 서버가 아니라 거래에 참여하는 모든 사용자들과 거래 내역을 공유하는 방식으로요. 그래서 거래가 일어날 때마다 모든 거래 참여자들이 정보를 공유하고 이를 대조해 볼 수 있기 때문에 거래 정보를 위조하거나 변조하려면 연결된 모든 페이지(블록)를 연쇄적으로 변경해야 합니다. 특정인이 모든 블록의 암호를 풀어서 접속한 후에 모든 블록의 숫자를 전부 다 변경하는 건 사실상 불가능하지요.

이렇게 은행과 같은 금융기관을 거치지 않고, 개인과 개인이 거래하는 방식을 P2P(거래소 없이 개인 간 거래) 방식이라고 합니다. 이 P2P 방식은 한 번 기록된 데이터는 변경이 불가능하고, 한 블록에 새로운 데이터가 입력되면 전체 블록이 한꺼번에 이를 검증하는 형태여서 상당히 유용할 뿐만 아니라 위변조에 강한 방식인 거죠. 바로 이 P2P 방식은 블록체인의 중요한 구성 요소 중 하나입니다. 블록체인 구조와 기술을 활용하여 블록체인 장부에서 사용하는 화폐 단위가 흔히 암호화폐라고 부르는 비트코인이에요.

비트코인의 탄생과 불확실성

비트코인은 2008년 10월 사토시 나카모토라는 가명을 사용하는 프로그래머가 개발한 최초의 블록체인 기반 암호화폐로, 2009년 1월 3일 처음 발행되었다. 그는 중앙정부가 통제하는 화폐 통화의 역사를 볼 때, 통화가치를 떨어뜨리지 말아야 함에도 그러한 신뢰를 위반했다고 주장했다. 그렇게 탄생한 것이 바로 비트코인이다. 비트코인과 같은 암호화폐는 기존 화폐와는 다르게 국가나 정부 또는 중앙은행이나 금융기관의 개입 없이 개인 간 금융거래가 가능하며, 최대 발행량이 제한된 것이 특징이다.

비트코인이 거래소에서 처음으로 거래될 때의 가격은 약 0.1달러로 원화로 환산하면 100원 정도에 불과했다. 2010년까지도 비트코인 1개당(1BTC) 가격은 1달러를 넘지 못했고, 2011년에 비로소 1BTC가 1달러를 달성했다. 그런데 이후 2013년에는 100달러로 가파르게 오르더니 급기야 2017년 11월에는 최초로 10,000달러를 달성하기에 이르렀고, 이제 수만 달러를 상회한다. 이처럼 가격 변동성이 큰 점은 비트코인 투자에 대한 불확실성을 높인다.

비트코인의 불확실성은 2024년 미국 대선에서도 여실히 확인되었다. 2025년 1월, 미국의 47대 대통령에 취임한 도널드 트럼프는 대선 후보 시절 "미국이 지구상의 가상화폐 수도가 되도록 하는 계획을 발표할 것"이라고 공공연히 말하는 등 가상화폐 친화적인 입장을 보였다. 이에 도널드 트럼프의 당선이 유력해질 때부터 비트코인의 가격 또한 급등했다. 급기야 사상 최초로 9만 달러를 경신하였다.[29] 그런데 무섭게 치솟던 가격이 10만 달러를 눈앞에 두고 또다시 급속히 하락하는 모습을 보인다.[30] 고작 한 달 새 나타난 이런 심각한 변동성은 취임 직후에도 비슷한 양상으로 나타났다. 예컨대 트럼프발 관세 전쟁 등 이슈에 의해 또다시 큰 폭의 변동성을 보인 것이다. 이러한 점 때문에 여전히 비트코인이 화폐로서 기능할 수 있는가에 대한 의문을 지우기 어렵다.

29. 임미나·김태종, 〈'천장 뚫린' 비트코인, 장 중 한때 사상 첫 9만달러 돌파(종합2보)〉, 《연합뉴스》, 2024.11.13.
30. 이채윤, 〈비트코인 '역주행'… 한때 9만달러선 위협도〉, 《강원도민일보》, 2024.11.27.

#오르락내리락 #비트코인 #블록체인 #변동성

비트코인은 화폐가 될 수 있을까?

2023년부터 연기를 피우다가 2024년 초 주식시장을 뜨겁게 달군 뉴스가 하나 있습니다. 바로 비트코인 ETF 상장 소식입니다. 비트코인은 암호화폐의 시초이자, 현재 가장 높은 가치를 평가받고 있지요. 상장 여부를 두고 한동안 의견이 분분했습니다. 앞으로 비트코인이 진정한 디지털 골드로 우뚝 서며 자본시장의 게임체인저가 될 것이라는 입장도 있는 반면, 설사 상장된다고 해도 섣부른 판단은 이르다는 의견이 공존했습니다.

미국증권거래위원회(SEC)는 2024년 1월 10일 그레이스케일, 비트와이즈, 블랙록 등 11개 자산운용사의 비트코인 현물 ETF를 승인하였습니다. 막상 뚜껑을 열어보니 희비가 엇갈렸습니다. 세계 최대의 자산운용사인 블랙록으로는 한화 약 9,724억 원에 이르는 엄청난 자금이 비트코인 ETF로 유입되었죠. 하지만 또 다른 자산운용

잠깐만!

ETF가 뭐야?

뒤의 투자에서도 살펴보겠지만, ETF(Exchange Traded Fund)는 인덱스펀드(지수의 수익률을 쫓아가도록 구성한 펀드)를 거래소에 상장시켜 투자자들이 주식처럼 편리하게 거래할 수 있도록 만든 상품이다. 개별 투자자가 수고롭게 주식을 고르지 않아도 되는 펀드투자의 장점과, 언제든지 시장에서 원하는 가격에 매매할 수 있는 주식투자의 장점을 동시에 가진 상품으로 인덱스펀드와 주식을 합쳐놓은 것으로 볼 수 있다.

사인 그레이스케일의 경우 오히려 ETF에서 대규모 자금이 빠져나가면서 비트코인 가격 하락을 주도했습니다.[31] 한편 같은 해 11월, 도널드 트럼프의 대통령 당선 후에는 비트코인의 가파른 상승세와 맞물리며 비트코인 ETF에도 엄청난 자금이 몰려들었죠.[32]

이쯤에서 질문이 필요합니다. 현재 비트코인의 가치는 대단히 높이 평가되고 있는 점에 동의할 것입니다. 그렇다면 '가치의 공유'를 충족하는 셈인데, 화폐로 자리 잡을 수 있을까에 대해서는 왜 의견이 분분할까요? 이 책에서는 암호화폐에 대한 특정 의견에 치우치기보다는 찬성과 반대 의견을 함께 소개하겠습니다. 양쪽 의견을 모두 읽고 여러분 나름대로 비트코인의 미래, 나아가 화폐의 미래를 생각해 보는 것도 의미 있을 것 같습니다.

● 혁신과 위험천만, 그 어디쯤? 그래도 비트코인이 대세지!

먼저 가상화폐를 찬성하는 입장을 살펴볼까요? 이들은 가상화폐의 기반이 되는 '블록체인'을 미래 기술의 혁신으로 생각합니다. 4차 산업혁명 핵심 인프라 기술인 블록체인 기술을 키우기 위해서라도 가상화폐로의 진화를 막을 수 없다는 거죠.

세계 금융기관들도 블록체인 기술에 대해 우호적인 시각입니다. 특히 아시아권에서는 블록체인 네트워크를 활용해 국제 송금처리

---

31. 2024년 7월 기준으로도 비트코인 ETF 시장은 여전히 블랙록(한화로 약 1조6,600억 원이 유입)이 주도하고 있다.
32. 김남준, 〈비트코인 '트럼프 랠리'에 사상 첫 8만 달러 돌파〉, 《중앙일보》, 2024.11.10.

비용 절감을 추진하고 있지요. 이러한 움직임 속에서 가상화폐에 대해 비관적으로 바라보던 인사들도 시각을 점점 바꿔가고 있습니다. 대표적으로 비트코인을 대놓고 '사기'라 지칭했던 JP모건의 최고경영자는 "비트코인을 사기라 칭한 과거 발언을 후회한다."며 주장을 번복하기도 했으니까요. 비트코인을 옹호하는 입장들을 요약하면 다음과 같습니다.

- **분산화**: 중앙기관이나 정부에 의해 통제되지 않기 때문에 사용자 누구나 국경의 제한 없이 글로벌 거래를 자유롭게 할 수 있다.
- **거래의 투명성**: 블록체인 기술 기반으로 기록되므로 거래내역을 공개적으로 기록, 보호, 전송할 수 있고, 현재로서 거래 조작이나 부정행위를 방지할 수 있다. 이런 기술은 금융 분야에서 빠른 거래, 낮은 수수료, 중앙 집중화의 회피 등에 있어 장점을 제공한다.
- **미래성**: 블록체인 기술이 일상 전반에 스며들면 그와 함께 당연히 더욱 중요한 역할을 하게 될 것으로 기대된다.

● **실체도 없는 허상일 뿐이야!**

이번에는 반대의 입장도 살펴볼까요? 잠깐 언급했지만, 비트코인의 가격변동성은 상상을 초월합니다. 예컨대 2010년만 해도 1비트코인의 가치는 고작 100원에 불과했지만, 현재 일 억 원 가까이 거래되고 있는 것만 봐도 짐작할 수 있습니다. 심지어 지금도 큰 폭으로 가격이 오르락내리락합니다. 때로는 하루 사이에 몇 백 원도 아니고, 원화로 수백, 수천만 원씩 왔다갔다 하니까요.

투자자한테는 이러한 변동성이 역설적이게도 매력적인 요소일지 모릅니다. 하지만 안정성이 확보되지 못하면 사실상 화폐로는 기능하기 어렵습니다. 우리의 일상적인 소비생활을 예로 들어봅시다. 예컨대 어제 가치로는 휴지를 1개 만 살 수 있었는데, 오늘은 가치가 크게 올라서 휴지를 100개, 아니 1,000개 살 수 있게 된다면 어떻게 될까요? 이처럼 가치가 심하게 오락가락할 때, 과연 비트코인을 화폐로 사용할 수 있을까요? 그래서인지 아직은 화폐로 인정하기보다는 투기 수단으로 인지하는 사람들이 많습니다. 이들의 주장을 정리하면 다음과 같습니다.

- **교환의 번거로움**: 결제가 인증되고 거래가 성립될 때까지 짧게는 10분, 길게는 며칠씩 걸린다면 화폐로서 경쟁력이 없다. 예컨대 열차가 출발하기 전에 편의점에 들렀는데, 결제하다가 차를 놓친다면 어이없지 않을까?
- **가치의 불안정성**: 하룻밤 사이에도 큰 폭으로 가치가 출렁일 만큼 비트코인은 가격 변동폭이 너무 심해 안정성이 거의 없다. 예컨대 2009년 첫 등장한 비트코인은 초기에 1BTC당 0.0025달러에 불과하였다. 하지만 2025년 1월 10만 달러를 넘나드는 수준으로 폭등하였다. 이렇게 변동 폭이 큰 화폐는 가치 척도의 기능을 갖기 어렵다.
- **기타**: 장기적으로 보안 위협, 규제의 불확실성 문제도 여전히 해결되지 않았다.

부의 저장수단이 되기 위해서는 위의 기능이 골고루 안정적으로 유지되어야 하는데 교환도 불편하고 가치 척도로서의 기능도 부실하다는 점에서 화폐로서는 치명적입니다. 하루아침에 손바닥 뒤집듯 뒤집힐 수 있는 신뢰도 문제입니다. 이에 비트코인은 아직 화폐로서 그 기능을 수행하기 어렵다고 보는 것이지요.

비트코인으로 예측해 보는 화폐의 미래

비트코인이 화폐가 될 수 없는 치명적 약점을 언급했습니다. 그럼에도 불구하고 일부 비트코인 투자자들은 '가치에 대한 믿음의 공유' 때문에 비트코인은 충분히 화폐가 될 수 있다며 주장을 굽히지 않습니다. 우리가 살펴본 돈의 발전사에서도 이러한 믿음의 공유가 자리하니까요. 화폐에 대한 신뢰는 어느 날 갑자기 형성되지 않습니다. 몇몇 사람들이 모여 '이제부터 이것의 가치를 믿기로 하자!' 했다고 없던 믿음이 샘솟을 리 없다는 뜻이지요.

현재 비트코인은 활발히 거래되고 있지만, 형성된 가격에 대한 기반이 없다 보니 적정가격조차 존재하지 않죠. 이에 2013년 노벨경제학상 수상자인 유진 파마(Eugene Fama) 시카고대학교 교수는 "비트코인은 안정적인 실제가치를 지니지 않는다."며 10년 내 비트코인 가치가 0이 될 가능성[33]을 경고하기도 했죠.[34]

....
33. 단, 자신의 예측에 대해 "틀릴 가능성도 인정한다."고 덧붙였다.
34. 김경민, 〈빌 게이츠 이어 노벨경제학상 석학 '비트코인 10년 내 0원 된다'〉,《뉴스1》, 2025.02.03.

실제로 암호화폐는 합리적인 예상을 바탕으로 거래한다는 것이 애초에 불가능합니다. 특히 다른 자산들과 달리 내재가치가 없기 때문에 어느날 갑자기 폭락을 한다 해도 전혀 이상하지 않고, 왜 폭락했는지 명확한 분석을 내놓기도 사실상 어렵지요.

세간에는 비트코인을 '디지털골드'라고 부르며 금에 비유하기도 합니다. 하지만 금에 대한 믿음은 하루 아침에 형성된 것이 아닙니다. 수천 년이 넘는 오랜 시간 금이라는 실물에 대한 높은 가치의 공유, 아울러 금에 대한 끊임없는 수요 등의 경험들이 쌓이고 쌓여 만들어진 신뢰의 결과입니다. 비트코인 투자자들은 비트코인이 빠른 시간 안에 그런 믿음을 얻게 되기를 바라겠지만, 아직은 그 가능성이 매우 낮아 보입니다. 게다가 현재 비트코인 투자자들은 거래소를 통해 암호화폐를 거래하며, 투자자의 상당수는 거래장부에 접속할 일도 없고, 심지어 블록체인이 무엇인지도 모르는 사람도 많습니다. 그저 관심 있는 것은 지금 비트코인과 달러 혹은 비트코인과 원화와의 교환 비율뿐이지요.[35]

현행 화폐제도와 각국의 중앙은행 체제에 문제가 전혀 없는 것은 아닙니다. 오히려 현재의 화폐제도가 주기적인 투기 광풍, 국가별 혹은 전 세계적인 금융위기 등을 불러오는 주요한 요인 중 하나로 작동했던 경우도 많았고, 앞으로도 여러 가지 다른 형태로 문제가 발생할 가능성도 존재합니다. 다만 현행 화폐제도가 일부 측면

....
35. 아직 비트코인은 화폐로 볼 수 없기 때문에 환율이란 표현을 사용하지 않았다.

에서 문제점을 내포하고 있다는 사실만으로 암호화폐가 화폐의 기능을 대신해야 한다는 어긋난 믿음을 정당화해 줄 수는 없습니다. 세계 어느 곳에서든 화폐가 사용된다는 것은 다양한 의미를 내포합니다. 무엇보다 그 안에는 차곡차곡 누적된 굳건한 신뢰가 자리하고 있는 것을 잊지 말아야 합니다.

물물교환에서 물품화폐로, 금속화폐, 지폐, 신용카드 등 돈은 역사적으로 신뢰에 기반해 발전해왔습니다. 분명 지금의 화폐제도가 가진 문제점을 보완할 수 있는 제도나 대안화폐에 대한 시도가 앞으로도 계속 나타날 것입니다. 사실 비트코인도 그중 하나이기는 합니다. 다만 앞서 설명했듯이 화폐로 사용되기에는 아직 다수의 '신뢰'가 부족하고, 화폐로서 기능하기 위한 기본적인 속성을 갖췄다고 보기도 어렵죠. 그럼에도 돈이라는 것은 지금도 보이지 않게 계속 진화하고 있으며, 어쩌면 미래에는 지금과는 전혀 다른 새로운 모습으로 우리와 함께할지도 모르겠습니다.

Q 비트코인의 가치는 계속 올라갈까요?

A 비트코인 같은 암호화폐는 법적으로는 가치가 없고, 사람들이 그것에 대해 얼마의 돈을 내려고 하는지만큼의 가치가 있습니다. 현재 높은 가치를 유지하고 있지만, 위험한 자산입니다.

비트코인 같은 암호화폐는 주식이나 채권과 달리 회사의 자산에 대한 청구권인 '내재가치'가 없습니다. 간혹 비트코인을 하는 사람 중에서 우리가 사용하는 돈도 국가의 신용이 유일한 담보일 뿐, 내재가치가 없다고 말합니다. 그러면서 비트코인을 만들어 내기 위해 엄청난 양의 전기를 사용해서 슈퍼컴퓨터를 구동하는 데 비용이 들었고, 그것이 비트코인의 가치라고도 합니다. 하지만 이미 들어간 비용은 매몰원가라고 하며 현재 또는 미래가치에 전혀 영향을 주지 못합니다.

현재 비트코인과 같은 암호화폐도 주식과 채권처럼 활발한 투자가 이뤄집니다. 하지만 이 또한 내재가치가 아닌 거래 당사자들 간의 가치판단에 의존한 투자죠. 다만 누구도 미래를 정확하게 예측할 순 없기에 비트코인의 가치를 섣불리 판단할 순 없습니다.

금융투자자로서 개인적인 입장을 밝히면, 비트코인은 엄청나게 위험한

자산임에 틀림없습니다. 전술한 바와 같이 내재가치가 0이거나 0에 가깝기 때문입니다. 위험한 자산일수록 엄청난 수익률을 안겨주기도 하지만, 반대로 감당할 수 없는 손실로 돌아올 수 있습니다. 다만 꼭 위험자산이 아니라도 모든 투자에는 크고 작은 위험이 따르기 때문에 후회 없는 선택을 위해 재무적 의사결정 능력을 키워야 합니다. 투자하려는 상품과 그 상품이 거래되는 금융시장에 대한 공부가 꼭 필요함을 강조하고 싶습니다.

 더 알아보기

17세기 튤립 투기 사건

투기로 유명한 역사적 사건을 하나 소개한다. 바로 '17세기 튤립 투기 사건'이다. 당시 네덜란드 귀족들 사이에서 아름답게 가꾼 정원은 부의 상징이었다. 그중 튤립이 가장 사랑받았다. 덕분에 튤립 가격이 가파르게 상승했다. 여기에 꽃이 아닌 뿌리까지 튤립으로 취급되고, 너도나도 은행에서 돈을 빌려 튤립 구근을 사들였다. 급기야 튤립 1개의 가격이 집 한 채 가격까지 치솟았다. 그러나 얼마 지나지 않아 튤립 가격은 허무하게 폭락했고, 순식간에 튤립 구근은 원래의 가격으로 돌아왔다.

비트코인이 17세기 튤립 사건과 함께 종종 비교되어 거론되는 것은, 가격이 치솟을 때 일확천금을 노리고 뛰어든 사람이 많았다는 점과 비트코인의 발행량은 한정되었는데 채굴 난이도가 점점 어려워지면서 공급이 늘어나는 수요를 감당하지 못해 가격이 오른 점이다. 그러나 전문가들은 비트코인이 2,100만 개로 발행량이 한정되어 있다는 점에서 '17세기 튤립 투기 사건'과는 다르다고 주장한다.

#가치 #환율

05

돈의 가치는
돈 나름이에요!

수시로 변화하고 또 조정되는 돈의 가치

　돈은 어디에나 있습니다. 동전이나, 지폐처럼 눈으로 볼 수 있는 실물 형태로 지갑에도 들어있고, 실물은 아니지만 은행 계좌의 숫자로도 존재하지요. 그런데 지갑이나 통장에 돈이 '얼마' 있는지가 중요할 뿐, 돈의 가치에 대해서는 별로 생각한 적이 없을 것이에요. 바로 앞에서 비트코인에 관한 이야기를 하면서 화폐로서 가장 치명적인 단점 중 하나로 가격 변동성이 지나치게 큰 점을 꼽았습니다. 즉 가치가 오락가락하기 때문에 화폐로 기능하기 어렵다는 뜻이겠지요? 돈의 발전사 마지막 이야기도 바로 '가치'에 관한 것입니다. 오늘날 한 나라의 화폐가치는 해당 국가의 경쟁력과도 같습니다. 만약 화폐가치가 안정적으로 유지되지 않고 크게 출렁인다면 그 나라의 경제 상황은 매우 불안정하다고 볼 수 있을 것이에요. 하지만 특별한 이슈가 일어나지 않아도 화폐의 가치는 매일 조금씩 변화하기는 합니다.

자, 여러분에게 100원이 있다면, 그 돈으로 무엇을 살 수 있나요? 글쎄요. 지금은 아마 지우개 하나도 사기 어려울 것이에요. 시간을 좀 거슬러 '라떼' 시절 얘기를 잠깐 소개해 볼게요. 20세기 후반인 1970년에는 짜장면 한 그릇 가격이 100원이었습니다. 1980년에는 라면 한 봉지의 값이 대략 100원이었고, 1990년에는 보통우편을 보내는 우푯값이 100원이었죠. 어떤가요? 100원의 가치가 야금야금

잠깐만!

리디노미네이션

먼저 디노메이션(denomination)은 '화폐단위의 호칭'을 뜻한다. 그러니까 리디노미네이션(redenomination)이란 결국 화폐단위의 호칭을 바꾼다는 뜻이 된다. 좀 더 풀어서 말하면 한 나라에서 통용되는 통화의 액면을 동일한 비율의 낮은 숫자로 변경, 즉 화폐단위를 100대 1, 또는 1,000대 1 등으로 하향조정하는 것이 일반적이다. 예컨대 100원이 1원이 되는 식이다. 인플레이션 등으로 경제량을 화폐적으로 표현하는 숫자가 많아지면서 초래되는 국민들의 계산, 회계 기장(記帳) 또는 지급상의 불편을 해소할 목적으로 실시된다.

줄어들더니 심지어 이제는 100원으로 살 수 있는 것을 찾기가 어려울 지경이 되었네요. 이처럼 시대에 따라 돈의 가치는 변화합니다. 마치 생물처럼 말입니다.

방금 설명한 것처럼 돈은 액면가에 대한 평가도 변화하지만, 스스로 늘거나 줄기도 해요. 무슨 말이냐고요? 예컨대 은행 계좌의 예금된 돈은 이자가 붙고, 주식이나 현물로 존재하는 돈 또한 가격 변동에 따라 변화합니다. 따라서 내가 가진 돈의 가치는 시시각각 변한다고 해도 과언이 아닙니다.

무엇을 얼마나 교환할 수 있을까?

지금 여러분의 지갑에 돈이 얼마나 들어 있는지 한번 살펴보세요. 아, 지갑에 현금은 안 가지고 다닌다고요? 상관없습니다. 체크카드뿐이라면 잔액이 얼마나 남았는지 확인해 보세요. 1만 원? 5만 원? 10만 원? 그게 얼마든 총액에 해당하는 숫자만큼 대한민국에서 재화와 서비스를 구매할 수 있습니다. 경우에 따라 에누리를 좀 받을 수도 있겠지만, 일단 정가를 기준으로 딱 그만큼 소비할 수 있다는 뜻이에요.

그러니까 우리는 가진 돈으로 대중교통을 이용할 수도 있고, 마트에서 물건이나 간식을 살 수도 있고, 미용실에 가서 머리를 자를 수도 있습니다. 단, 자신이 보유한 금액 한도 내에서 말이죠. 다시 말해 가진 돈만큼 뭔가와 바꿀 수 있다는 뜻이니까 이런 경우 돈은

벼락거지와 벼락부자

벼락부자라는 말은 오래전부터 사용되었다. 주로 투기나 복권 당첨처럼 예상치 못한 이슈로 느닷없이 돈벼락을 맞은 사람들을 뜻하는 말이다. 그런데 최근 몇 년 전부터는 '벼락거지'라는 말이 더 자주 들려오는 것 같다. 벼락부자의 뜻으로 미뤄보면, 갑자기 큰돈을 잃고 하루아침에 파산한 사람을 뜻하는 말일 것 같지만, 실제로는 다른 뜻으로 사용된다.

최근 수년간 부동산이나 주식, 코인시장이 크게 요동쳤다. 그리고 이에 투자해 엄청난 부를 쌓은 사람도 생겨났다. 요즘 SNS에는 자신의 부를 요란하게 과시하는 플렉스 인증이 넘쳐난다. 명품, 슈퍼카, 호화저택 등을 자랑하는 모습을 보며 그저 하루하루 성실하게 살아온 평범한 사람들이 갑자기 스스로 거지가 된 양 허무하게 느껴진다며 등장한 말이 바로 벼락거지다. 즉 실직하거나 월급이 줄어드는 식으로 경제 상황이 딱히 악화되었다기보다 급격한 격차 속에서 느껴지는 상대적 박탈감을 표현하는 말인 셈이다.

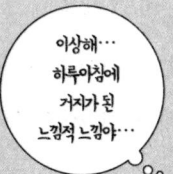

'교환 가치'로 설명할 수 있겠네요.

한 가지 예를 들어볼게요. 부루마블이라는 보드게임에는 게임 안에서 쓸 수 있는 모형지폐가 들어있습니다. 그 모형지폐 100만 원을 가졌다면 게임 안에서 건물을 짓거나 도시를 살 수도 있지요. 하지만 그 모형지폐를 현실에서는 사용할 수 없어요. 즉 게임이 끝나는 순간 돈의 가치도 함께 사라지는 거죠. 하지만 한국은행에서 발행한 만 원짜리 지폐 100장 또는 오만 원짜리 지폐 20장을 가지고 있다면, 그건 우리나라 어디에서든 백만 원의 가치만큼 재화와 서비스로 교환할 수 있습니다.

이처럼 우리가 현실에서 사용하는 모든 동전, 지폐는 우리나라의 중앙은행인 한국은행[36]에서 발행한 것이에요. 그리고 그곳에서 발행된 것이 아니면 아무리 높은 숫자가 찍혀 있어도 돈으로서의 가치를 인정받지 못합니다. 부루마블 모형화폐처럼 말이죠.

금속이나 종이로 만든 화폐에 대해 사람들이 그 가치를 인정하는 것에 대해서는 앞서 발전사에서 충분히 살펴보았으니, 여기서는 생략하겠습니다. 현대 사회에서 숫자만큼의 화폐 가치를 누구나 인정할 수 있는 밑바닥에는 한국은행, 즉 정부의 보증이 자리하고 있습니다. 나라가 파산하지 않는 한 지폐에 적힌 금액만큼 구매력이 보장되는 것이지요.

....
36. 우리가 사용하는 화폐를 발행하고 관리한다. 미국의 연방준비제도, 일본이 일본은행, 중국의 중국인민은행 등 다른 나라도 화폐를 발행하고 관리하는 중앙은행이 있다.

화폐가치는 국가의 신용과 직결된다

왜 모두가 한국은행에서 발행한 지폐에 적힌 숫자의 가치를 그대로 인정하는지 궁금해한 적이 있나요? 천 원짜리든 오천 원짜리든 만 원짜리든 오만 원짜리든 종이 자체는 큰 차이가 없어 보이는데 말입니다. 그건 그 지폐에 인쇄된 금액만큼의 신용을 한국은행 총재가, 즉 국가가 한국은행법에 따라 화폐에 표시된 금액만큼 구매력을 보장한다는 것을 암묵적으로 동의하고 있기 때문입니다. 대한민국의 구성원인 대한민국 국민은 한국은행의 화폐 체제에 따르기로 동의했다는 뜻이지요.

국가의 신용과 그 국가 화폐의 신용은 서로 뗄 수 없는 관계입니다. 만약에 국가의 보증이 없거나, 보증이 있음에도 불구하고 재정 파탄 등으로 보증 능력을 상실하거나, 기타 어떠한 이유로든 국민이 국가의 보증을 신뢰하지 않게 되면 그 지폐는 한낱 종이 조각으로 전락해 버립니다. 상상하기 어려운 일 같지만, 실제로 지구상에서 벌어지는 일이기도 합니다. 예를 들어볼까요?

20세기 초반만 해도 남미의 아르헨티나는 세계의 부자 나라에 속했습니다. 하지만 빈부격차와 부정부패, 포퓰리즘, 군부정권의 집권 등을 거치며 70여년 만에 국가 경제가 파탄에 이르렀지요. 실제로 2023년 10월, 아르헨티나는 금리가 무려 133%에 이르렀습니다. 살인적인 인플레이션과 물가 폭등 속에 아르헨티나의 화폐인 페소의 가치 또한 끝없이 추락하다 보니 정부가 어쩔 수 없이 내린 조치였죠. 하지만 이러한 극단적 조치에도 불구하고 물가도 잡지 못했고, 서민의 고통만 극심해졌습니다. 얼마나 화폐가치가 형편없이 떨어졌는가 하면 강도조차도 아르헨티나 페소는 가져가지 않을 정도였다고 하네요.

화폐가치만 떨어진 것이 아닙니다. 아르헨티나의 국가신용도도 바닥을 쳤습니다. 2023년 기준으로 국가신용등급을 살펴보면 S&P의 평가를 기준으로 아르헨티나는 투기등급 중에서도 최하위권에 해당하는 CCC-[37] 등급이었습니다. 거의 세계의 최빈국들과 비슷한 수준에 머물렀던 것이었지요. 같은 해 같은 기관의 평가기준으로 대한민국은 투자적격등급인 AA 등급이었는데, 신용 상태가 우수함을 의미합니다. 다만 특정 국가에 관한 너무 자세한 언급은 본질에서 벗어나므로 화폐의 가치가 국가의 신용도와 얼마나 깊은 관련이 있는지 이해하는 정도로 마무리하겠습니다.

화폐는 신용을 지키겠다는 약속이다

오늘날 세계 각국에서 통용되는 화폐의 본질은 다음과 같은 뜻을 내포한 일종의 추상적 약속이라고 생각할 수 있습니다.

....
37. 2024년 3월, S&P는 아르헨티나의 국가 신용등급을 선택적 디폴트에서 CCC로 상향했다. 아르헨티나가 현지 통화 채권 스와프를 이행한 데 따른 조치이다. 그럼에도 여전히 투자 주의 등급에 해당한다.

"국가와 국민이 합의하고 중앙은행이 법률에 의거하여 발행한 종이를 제시하면 그에 상응하는 재화나 용역으로 교환이 가능하다."

걸핏하면 약속을 어기거나 까먹고 무시하는 친구라면 좀처럼 신뢰하기 어렵겠죠? 반대로 한번 내뱉은 약속을 철저하게 지키는 친구라면 믿음이 쌓일 것이에요. 화폐에 대해서도 마찬가지입니다. 약속을 꼭 지키는 것이 바로 신용이죠. 그리고 이러한 화폐 시스템, 즉 약속의 체계는 우리나라뿐만 아니라 전 세계 거의 모든 국가가 채용하고 있습니다. 국가별 시스템이 적어도 그 나라 안에서는 지켜진다는 사실을 모두가 잘 알고 있습니다. 나아가 그런 시스템을 갖춘 나라들끼리는 서로의 시스템을 신뢰하기 때문에 국가 간 화폐의 교환 비율인 환율도 의미가 있게 되는 것이죠.

예컨대 해외 배낭여행을 가려던 우리나라 대학생이 출국 전 원화를 달러나 유로로 환전하면서 불안해하지는 않을 거예요. 여행을 떠나는 그 나라도 우리나라와 같은 화폐 시스템을 가지고 있으며, 그 나라 화폐를 보유하고 있으면 그곳에서 원하는 재화와 서비스로 교환할 수 있다는 믿음이 있으니까요.

다만 세계 각국의 화폐 사용 범위는 동일하지 않습니다. 미국 달러와 우리나라 원화를 예로 들어보면 미국 정부의 약속인 미달러(USD)는 거의 전 세계 어디에서나 인정해 주는 신용을 가지고 있어요. 한편 우리나라 원화는 대한민국을 벗어나는 순간 사용하기가 어렵기 때문에 해외에서 사용하려면 환전이 필요합니다. 실제로

미국 1달러

미국 달러는 현재까지도 세계화폐순위 1위로 전 세계에서 가장 신용도 높은 화폐의 자리를 굳건히 지키고 있다. 세계화폐순위를 결정하는 요소는 국내총생산(GDP), 인플레이션율, 통화가치 등이 있다.

외환 시장에서의 거래 상황을 보더라도 **기축통화,**[38] 즉 국제외환시장에서 금융거래 또는 국제결제의 중심이 되는 통화인 미국 달러는 전 세계 모든 통화와 직거래가 되지만, 한국 원화를 비롯한 대부분 국가의 통화는 미국 달러와의 상대적인 교환 비율을 적용하여 거래되지요. 이 말은 곧 국가마다 화폐의 가치가 다르게 평가된다는 것인데, 이에 관해 좀 더 이야기해 보기로 해요.

....

38. 대표적으로 미국 달러가 이에 속한다. 기축통화로서 기능을 수행하기 위해서는 군사적으로 지도적인 입장에 있어 전쟁으로 국가의 존립이 문제시되지 않아야 하며, 기축통화 발행국은 다양한 재화와 서비스를 생산하고, 통화가치가 안정적이며, 고도로 발달한 외환시장과 금융·자본시장을 갖고 있어야 하며, 대외거래에 대한 규제도 없어야 한다. 역사적으로 영국의 파운드화, 미국의 달러를 기축통화로 부른다.

국가마다 돈의 가치가 다르다고요?

여러분도 **환율**이라는 말을 들어보았죠? 자국의 화폐와 다른 나라 화폐의 교환 비율을 말하는데, 이런 환율은 외국환 시장에서 결정됩니다. 자, 해외여행을 떠난다고 생각해 볼까요? 여권부터 챙기고, 그 나라 날씨에 맞는 옷과 편안한 신발 등 여러 가지 준비물이 있지만, '환전'을 빼놓을 수 없지요. 그런데 특별한 경우를 제외하고 떠나는 날 공항에서 환전하는 사람은 드뭅니다. 대부분 조금이라도 환율이 유리할 때 미리 환전을 해놓는 경우가 더 많지요. 또 여행에서 돌아와 남은 돈을 환전할 때도 마찬가지입니다. 이는 환율의 변동성 때문이에요.

● 환율은 어떻게 정해질까?

다른 나라의 화폐로 교환할 때의 비율은 나라별 화폐의 신용에 좌우되지요. 신용을 평가하는 주요 지표 중 하나가 바로 국내총생산(Gross Domestic Product, GDP)[39]입니다. 우리나라 원화를 모두 합한 총량의 가치는 우리나라의 국내총생산(GDP)에서 나오는 것이고, 일본 엔화의 신용 또한 일본의 국내총생산에서 나오지요. 즉 국가별 국내총생산의 비율에 따라 국가 간 화폐의 교환 비율인 환율이

....
39. 한 나라의 가계·기업·정부 등 경제주체들이 일정 기간에 생산한 재화·서비스의 가치를 시장가격으로 모두 합한 것. 쉽게 말해 한 국가의 자동차, 신규 주택, 전자제품, 식료품 등 재화의 판매가격과 의료비와 같은 서비스 가격, 그리고 특정 기간에 수입한 제품의 가격을 모두 더한 것이라고 할 수 있다.

잠깐만!

통화스와프

우리나라는 '원화'를, 미국은 '달러', 유럽은 '유로', 일본은 '엔화'를 사용한다. 즉 나라마다 서로 다른 화폐를 사용한다. 통화스와프란 이처럼 서로 다른 통화, 즉 화폐를 사용하는 두 나라가 서로의 다른 통화를 약정된 환율에 따라서 일정한 시점에서 상호 교환하는 외환거래를 말한다.

통화스와프가 체결되면 필요할 때 자국 통화를 상대방 중앙은행에 맡기고 그에 상응하는 외화를 빌려올 수 있다. 개별 국가 간에 주로 이루어지지만, 글로벌 금융위기 상황에서 기축통화인 미국의 달러화처럼 안전한 통화를 필요로 하는 국가들 사이에서 이뤄지기도 한다. 예컨대 2008년 세계 금융위기 당시 미국 연준이 한국 등 14개국과 통화스와프 협정을 맺었고, 2020년 3월 코로나19 팬데믹으로 국제 금융시장이 불안해졌을 때도 미국은 우리나라를 포함한 9개국과 다시 통화스와프 협정을 맺었다.

미국과 통화스와프 계약을 체결한 다른 국가들의 입장에서는 금융위기 조짐이 있거나 실제로 금융위기가 발생할 경우 미국달러를 조달할 수 있는 장치를 마련해 둔 셈이므로 위기 시 통화스와프를 활용할 수도 있다. 또 통화스와프계약 체결 자체만으로도 실제로 위기 상황이 닥쳐올 가능성을 사전에 낮출 수 있다는 장점이 있다.

결정된다고 볼 수 있습니다. 물론 국내총생산 외에도 다양한 경제적, 지정학적인 요인이 작용하지만, 가장 중요한 요인은 역시 국내총생산이에요.

KOSIS에 따르면[40] 2023년 우리나라의 국내총생산(GDP)은 1조 8,394억 달러입니다. 일본은 약 4조 6,170억 달러로 우리나라의 약

....

40. https://kosis.kr/visual/koreaInWorld/korInWorldJipyoIndex.do?lang=ko
  (검색일: 2024.11.13. 기준)

2.5배 수준입니다. 미국의 GDP는 같은 해 기준으로 21조 7,763억 달러로 우리나라의 10배가 넘는 수치입니다. 경제 규모가 더 큰 국가의 화폐일수록 당연히 가치가 높고, 국가 간 화폐를 교환할 때 적용되는 환율에 있어서도 우위를 점하게 되지요(아래 표 참조).

다만 여기서 하나 알아둘 것이 있습니다. 미국 달러의 경우에는 미국 국내총생산 이상의 것이 포함되어 있습니다. 앞서도 언급한 것처럼 미국의 달러화는 **기축통화**[41]이기 때문이에요. 달러를 갖고 있으면 전 세계 어디에서든 해당 국가 통화와 교환이 가능하고 어떤 상품이든 구매할 수 있기 때문에 달러는 실질적으로 세계총생산을 담보로 삼고 있는 셈입니다. 이것은 미국 달러가 기축통화이기

2023년 국가별 국내총생산(GDP, 명목)[42]

국가	GDP (단위: 십억US$)	국가	GDP (단위: 십억US$)
미국	21,776.3	인도	3,199.1
중국	17,174.0	프랑스	2,657.0
일본	4,617.0	이탈리아	1,984.6
독일	3,622.5	브라질	1,954.8
영국	3,212.8	대한민국	1,839.4

※자료: KOSIS 재인용

....
41. 국제간의 결제나 금융 거래의 기본이 되는 화폐. 예전에는 영국의 파운드가 사용되었으나 현재는 미국의 달러와 유럽의 유로화 그리고 일본의 엔화가 상용되고 있다. 다만 엔화의 경우 구매력이 50년 전 수준으로 떨어졌는데, 이는 30년간이나 이어진 디플레이션과 이로인한 금융완화 정책 때문이다.
42. KOSIS 국가통계포털 (검색일자: 2024.11.13.)

때문에 누릴 수 있는 엄청난 특권이죠.

현재의 환율은 위에서 이야기한 것처럼 국가 간 국내총생산의 비율과 기타 다른 요소들을 반영하고 있습니다. 예를 들어 우리나라 경제가 매년 지속적으로 성장하고 일본의 경제는 반대로 정체된다고 가정해 볼까요? 우리나라 경제성장률이 일본의 경제성장률을 초과하면 우리나라 돈의 가치가 올라가게 되므로, 환율이 떨어지게 되는 거죠. 반대로 우리나라는 정체된 상태에서 일본만 성장한다면 우리나라 돈의 가치가 떨어지므로 환율이 올라가는 것이에요. 대표적으로 1997년 IMF외환위기 때 우리나라의 국가신용도가 크게 하락했을 때도 환율이 엄청나게 치솟았지요.[43]

자, 정리하면 국가별 화폐가 가진 힘은 곧 해당 국가의 경제력을 의미한다고 생각하면 됩니다. 실제로 미국은 여전히 세계경제순위 1위를 지키고 있지요. 게다가 미국은 달러가 기축통화인 점을 이용해서 무역적자 또는 재정적자가 발생했을 때, 이를 해결하기 위한 방법으로 더 많은 달러를 찍어내기도 합니다. 이것이 가능한 이유는 전 세계 GDP 1위인 미국의 달러를 원하는 국가가 여전히 많기 때문에 화폐 발행에 따른 인플레이션을 다른 국가들에게 '전이'할 수 있기 때문이지요. 조금 어려운 표현을 쓰면 '인플레이션을 수출한다'라고도 합니다.

그렇다면 우리나라도 이런 방법을 쓰면 안 될까요? 이미 예상했

....
43. 1997년 평균 900원 정도였던 원달러환율은 11월 21일 IMF에 구제금융 신청 후 12월 말에는 1,962원까지 솟구쳤다.

겠지만, 그건 곤란합니다. 원화의 경우 비슷한 상황에서 통화량을 무작정 늘리는 조치는 대단히 위험합니다. 왜냐하면 원화가 통용되는 지역이 우리나라로 거의 한정되어 있고, 원화를 원하는 국가도 별로 없기 때문이죠. 경제성장을 동반하지 않은 채 통화량만 무작정 늘렸다가는 자칫 엄청난 인플레이션과 화폐가치 급락에 따른 환율 상승 등 오히려 크나큰 악재로 부메랑을 맞을 수 있으니까요.

잠깐만!

독일과 그리스로 보는 환율 이야기[44]

유럽 국가는 대부분 '유로(Euro)'를 사용한다. 1993년 유럽연합(EU) 창설 후 유로화를 사용하게 된 것이다. 자국의 화폐를 유로로 전환한 후 유럽 국가들은 환율에 있어 서로 다른 상황에 놓이게 된다. 유럽 국가라고 모두 경제 상황이 똑같았던 것은 아니었기 때문이다. EU 최초 창설국에 속하는 독일과 그리스를 예로 들어보자.

당시 제조업이 강세였던 독일은 유로로 전환되면서 경제 상황에 비해 환율이 저평가되는, 즉 실질환율의 저평가 상황이 되었다. 그 덕분에 유럽 전역에서 독일제품의 가격경쟁력이 높아지면서 수출이 활개를 띠었고, 엄청난 경상수지 흑자를 기록하게 되었다.

반면 관광업이 중심이던 그리스는 유로화로 전환되면서 실질실효환율이 고평가되는 정반대의 상황에 놓이게 된다. 이후에도 그리스는 2차산업을 발달시키는 대신, 필요한 물건들은 수입에 의존하는 선택을 했다. 유로화로 전환된 덕분에 품질 좋은 물건들을 상대적으로 싼값에 수입할 수 있었기 때문이다. 하지만 물가 상승 효과가 발생하여 정작 주력이던 관광산업은 큰 타격을 입을 수밖에 없었다. 그리고 이는 만성적인 경상수지 적자뿐만 아니라 결국 재정위기로 이어져 국가부도 위기까지 맞게 되었다.

....
44. 이형석, 〈"독일, 유로화 수혜로 막대한 경상흑자, 그리스사태의 배경"〉,《헤럴드경제》, 2015.07.18.

Q 환율이 오르고 내리면 경제에 어떤 영향을 미치나요?

국가의 수출입에 큰 영향을 미칩니다. **A**

세상에는 달러, 유로, 파운드, 위안, 엔 등 많은 외국 돈이 있습니다. 환율이란, 외국 돈과 우리 돈의 교환 비율을 의미하죠. 달러(USD)를 예로 들면, 1달러를 은행에서 1,000원으로 바꿔줬다면 원달러환율은 1달러 =1,000원이 됩니다.

환율은 고정되지 않고 변하는데, 환율 변동은 특히 국가의 수출입에 큰 영향을 미칩니다. 무역 중심의 경제구조를 가진 우리나라는 환율 변동이 국가 경제의 핵심 요인 중 하나로 작용합니다. 환율이 상승하면(원화가 약세), 우리나라의 상품이나 서비스의 가격이 내려가는 효과가 있습니다. 하지만 같은 수입품을 예전보다 비싼 값에 들여오게 되죠. 반대로 환율이 하락하면(원화가 강세), 우리나라의 상품이나 서비스의 가격이 올라가는 효과가 있고, 수입품의 가격은 내려가게 됩니다.

예컨대 1달러 환율이 1,000원에서 1,100원으로 상승하면 배럴당 100달

러인 서부텍사스산 원유를 수입하는 데 필요한 원화는 10만 원에서 11만 원으로 늘어납니다. 이처럼 환율이 오르면 외국에서 수입할 원자재 및 부품 등의 가격이 오르기 때문에 수입은 감소하고, 수입 제품의 가격은 높아집니다. 결국 소비자 물가도 오릅니다. 반면 환율이 1,100원일 때 100만 원인 스마트폰을 미국에 수출할 경우, 미국 내 스마트폰 판매가격은 1천 달러에서 909달러로 낮출 수 있습니다. 이때 미국에서 우리나라 스마트폰의 가격 경쟁력이 상승해 수출이 증가할 수 있습니다. 따라서 환율 상승은 일반적으로 수출 증가와 수입 감소를 통해 경상수지를 개선시키는 효과가 있습니다.

 더 알아보기

경상수지와 자본수지

국제수지 개념 중 경상수지는 실물 측면에서, 자본수지는 화폐 측면에서 본 지수다. 먼저 경상수지(Current Balance)란 외국과의 무역, 서비스, 소득, 이전 등 각종 국제거래를 통해 받은 외화와 지급한 외화의 차액을 나타낸다. 만약 경상수지가 흑자라면 수출(상품이나 서비스 등)로 늘어난 생산과 일자리가 수입으로 인해 빠져나간 외화보다 크다는 뜻이다. 한편 자본수지(Capital Balance)는 외국인의 국내 주식·채권 매입, 우리나라 기업의 해외 직접투자, 외상 수출입으로 발생한 채권·채무 등에 따른 자본의 유출입차액을 나타낸다. 예컨대 외국인 투자자들이 국내 주식시장에 많은 돈을 투자해 외화유입이 유출보다 많아지면 자본수지는 플러스가 된다.

알뜰살뜰 모으고,
차곡차곡 키워요

앞에서는 주로 돈과 금융에 관한 기본적인 이야기들을 중심으로 다뤄보았습니다. 돈의 발전사도 집중적으로 살펴보았죠. 우리가 살아가는 자본주의 사회에서 돈과 돈의 흐름, 금융을 이해하는 것은 매우 중요합니다. 나아가 금융역량을 키우는 것은 곧 세상을 살아가는 데 대단히 쓸모 있는 무기를 얻는 것과 같지요. 이제부터는 여러분의 금융역량을 키워줄 조금 더 현실적인 이야기를 해보려고 합니다. 지금은 물론 앞으로 여러분이 어른이 되어서도 경제생활을 잘해 나가는 데 도움이 될 만한 내용들을 중심으로 말이죠. 가장 먼저 이 장에서는 바로 '저축'에 관한 이야기를 해보려고 해요. 저금리로 인해 요즘 부쩍 저축의 가치가 폄하되는 경향이 있지만, 일단 어느 정도 목돈을 모으지 않는다면 큰돈을 불리는 것도 요원합니다. 그러기 위해서는 하루빨리 금융기관과 친해질 필요가 있죠. 자, 시작해 볼까요?

저축

#은행 #금융기관 #역할

01

금융기관에 대해
알아보자!

금융생활의 시작, 은행과 친해지기

앞서 우리는 돈의 역사와 함께 돈의 의미와 가치 등에 대해 생각해 보았죠. 이제 여러분의 일상과 좀 더 관련된 이야기들, 즉 여러분의 금융역량과 재무적 의사결정 능력을 키워 슬기로운 경제생활을 도와줄 쓸모 있는 이야기를 해보려고 합니다.

금융을 국어사전에서 찾아보면 "금전을 융통하는, 즉 빌리거나 구하여 쓰는 일"이라고 나와요. 사실 금융(finance)이란 돈이 오고 가는 것, 다시 말해 돈의 흐름과 관련된 모든 것을 아우릅니다. 여러분은 '금융' 하면 어디가 가장 먼저 떠오르나요? 아마 은행일 거예요. 은행은 대표적인 금융기관이지요. 우리나라의 현대식 최초은행은 1897년 2월 창립한 '한성은행'[1]입니다.

은행은 대표적이고 또 대중적인 금융기관인 만큼 슬기로운 금융생활을 다지고 싶다면 우선 은행과 친해질 필요가 있습니다. 비록 요즘은 은행지점들이 빠르게 줄어드는 추세이지만, 아직 우리 주변에서 가장 흔히 볼 수 있는 금융기관입니다. 사람들 대부분은 자주 이용하는 수거래 은행이 있고, 통장을 만들어서 돈을 넣어둡니다. 입출금 통장에 예금한 돈은 수시로 넣거나 뺄 수 있죠. 또 과거에 비해 선호도가 줄어들기는 했지만, 목돈을 만들기 위해 적금통장을 만들기도 해요. 현재 만 14~18세의 청소년이라면 우대금리를 받을 수 있는 적금통장도 나와 있으니 알아보면 좋겠습니다.

요즘은 지갑에 현금을 넣고 다니지 않는 사람도 많습니다. 소액이라도 카드로 결제하는 데 어려움이 없으니까요. 계좌와 연계된 체크카드[2]로 결제하면 거스름돈을 계산하는 번거로움도 없다 보니 축의금이나 조의금처럼 특별한 사정이 없는 한 굳이 현금을 인출해야 할 필요를 느끼지 못하는 거죠. 또 많은 중고등학교가 인근에 있는 은행과 제휴하여 체크카드 겸용 학생증을 만들기도 하므로 여러분에게도 은행 업무가 그리 낯설지는 않을 것입니다.

....
1. 조흥은행을 거쳐 현재 신한은행으로 영업중이다. 또한 민족자본으로 설립한 최초 은행은 1899년의 '대한천일은행'으로 현재 우리은행으로 영업중이다.
2. 앞에서 체크카드 발급에 관한 내용은 이미 충분히 설명했으므로 다시 적지는 않았다.

은행이 하는 일을 알아보자

　은행은 여러 가지 일을 합니다. 사실 예금에 대한 입출금 관리는 은행이 하는 일 중 일부에 불과하지요. 앞에서 지폐의 탄생 과정을 알아볼 때, 상인들이 보관이나 휴대가 어려운 돈이나 금 등을 맡기면 그에 대한 보관증을 발급해 주었는데, 이것이 마치 화폐처럼 사용되면서 지폐의 시초가 되었다고 했었죠? 보관소

잠깐만!

한국은행이 하는 일을 알아보자!

은행은 크게 중앙은행, 일반은행, 특수은행 세 가지로 나눌 수 있다. 그중 중앙은행은 나라마다 있는데, 우리나라의 중앙은행은 '한국은행'이다. 한국은행이 최우선으로 추구하는 것은 물가와 금융의 안정이다. 이를 위해 한국은행의 최고의사결정기구인 금융통화위원회에서는 우리나라 기준금리를 설정하고 통화정책을 수립하고, 통화정책의 효과적인 작동을 위해 다양한 통화정책수단을 운영한다. 그 외에도 지급결제, 외환, 발권 등의 업무도 수행한다.

주요 국가기관인 한국은행의 가장 큰 특징은 일반인과 직접 거래를 하지 않는다는 점이다. 그러면 어디와 거래할까? 바로 시중 은행과 거래한다. 우리가 은행에 가서 돈을 저축하고 대출을 받듯이 은행들은 한국은행에 예금을 하고 대출을 받는다. 이때 한국은행이 결정하는 금리와 대출 규모는 우리나라의 경제에 큰 영향을 미친다.

또한 우리가 사용하는 돈을 찍어내는 일도 한다. 시중에 돈이 마르면 경기가 위축된다. 반대로 돈이 넘쳐나면 경기과열 또는 인플레이션이 발생할 수 있다. 이때 한국은행은 시중에 풀린 돈의 양을 조절하여 경기의 과열 또는 침체를 선제적으로 예방함으로써 돈의 가치가 단기간에 오락가락하는 것을 막아 경제활동의 예측가능성을 유

에서 그냥 얌전히 보관만 한 것이 아니라, 이를 또 다른 누군가에게 빌려주고 이자를 받는 형태로 추가 수익을 올렸다고 했던 것도 기억할 것이에요. 처음에는 사적인 거래의 형태였지만, 점점 시스템이 정교하게 다듬어지고, 나아가 정부 차원에서 법적 안전장치까지 체계적으로 마련되면서 공신력(公信力), 즉 높은 신용을 갖게 되면서 오늘날의 은행에 이른 것이라고 볼 수 있습니다. 지금도 대출은 여전히 은행의 중요한 업무 중 하나입니다. 돈이 필요한 개인이나

지한다. 통화량을 조절하는 통화정책수단은 크게 3가지가 있는데, 간략히 설명하면 다음과 같다.

- **공개시장운영:** 금리조절을 위한 수단으로 금융기관을 상대로 국공채를 매입하는 방법이다. 예를 들어 시중에 돈이 부족한 경우 금융기관으로부터 국공채를 매입해 시중에 돈이 풀리도록 하고, 반대의 경우 매입했던 국공채를 금융기관에 되팔아 시중의 돈을 흡수하는 식이다.
- **지급준비제도:** 금융기관은 고객이 예금을 인출할 것에 대비해 예금의 일정 비율, 즉 지급준비율에 해당하는 돈을 한국은행에 예치해야 한다. 한국은행은 이 지급준비율을 조절함으로써 금융기관 그리고 시중에 풀린 돈의 양을 조절할 수 있다.
- **여·수신제도:** 앞서 잠깐 언급한 것처럼 한국은행은 시중은행의 은행 역할을 한다. 즉 한국은행이 다른 시중은행에 예금을 받거나 대출을 해주기도 하는 것이다. 만약 시중에 돈이 너무 많이 풀려 있어 이를 회수하고 싶을 때는 은행에 빌려준 대출금리를 올려 돈을 회수함으로써 시중에 풀린 돈의 일부를 줄이는 효과를 얻기도 한다.

기업에 돈을 빌려주고 이자 받기, 보험이나 채권, 펀드 등 금융상품 판매, 증권이나 가상화폐 거래를 위한 계좌 만들기, 세금 및 공과금 수령 등 은행은 참 많은 일을 하지요.

은행의 업무 처리 방식도 과거와 많이 달라졌습니다. 1990년대만 하더라도 은행 업무를 보려면 꼭 은행을 방문하여 창구의 직원을 통해서만 처리해야 했지요. 하지만 전화나 인터넷 등으로 간편하게 처리할 수 있는 일이 늘어나면서 은행 대면 업무는 점차 줄어들었습니다. 그러다가 일반 휴대전화가 스마트폰으로 대체되면서 이제는 어지간한 은행 업무는 앱을 통해 비대면으로 처리할 수 있게 되었죠.

요즘은 일반은행들도 방문 없이 비대면으로 계좌를 개설할 수 있습니다. 아예 대출을 포함한 모든 업무를 모바일로만 볼 수 있는 은행도 있습니다. 바로 카카오뱅크, 토스뱅크, 케이뱅크 같은 인터넷 전문은행이지요.

물론 처음에는 눈에 보이지 않는 은행에 대한 사람들의 불신이 적지 않았습니다. 신용은 그리 쉽게 쌓이는 것이 아니니까요. 하지만 느닷없이 시작된 코로나19 팬데믹이 세계를 덮쳤고, 사회 전반에 걸쳐 대변환을 앞당겼습니다. 사회적 거리두기가 당연시되면서 은행 업무나 영업 환경도 급변하며 비대면 체계가 가속화되었죠. 어느새 우리는 모바일로 간편하게 통장을 개설하고, 온라인에서 돈을 보내거나 받고, 또 결제하는 것에 익숙해졌습니다. 이는 온라인 금융환경에 대한 신뢰가 쌓이고 있다는 방증이겠죠?

은행은 금융³생활의 출발입니다. 또 금융기관 중에서도 가장 중요하지요. 왜냐고요? 은행은 증권사, 보험회사, 신용카드 회사 등 다른 금융기관에 비해 훨씬 더 역사가 깊으니까요. 무엇보다 일반인이 제일 자주 이용하는 곳이기도 합니다.

은행은 언제 어떻게 생겨났을까요? 현재의 모습과 같은 은행이 나타나게 된 역사는 나라마다 조금씩 배경과 시기가 다릅니다. 그래도 역사를 거슬러 올라가면 최초의 현대식 중앙은행이 탄생한 나라가 있을 테지요. 그중 영국의 사례를 통해 은행의 변천사를 살펴볼까요?

---

3. 주로 이자와 함께 자금을 빌리고 갚는 행위를 일컫는다.

은행의 탄생과 변천사

앞에서 나온 '영란은행'의 탄생에 관한 이야기를 혹시 기억하나요? 잠깐 다시 13세기 영국으로 거슬러 올라가 볼게요. 당시 사람들이 금세공업자, 즉 골드스미스에게 금을 맡겼다고 했는데, 사실 그 전에 런던 시민들은 화폐를 만드는 관청인 조폐국에 귀금속을 맡겼다고 합니다. 하지만 전쟁으로 나라 살림이 크게 기울었죠. 급기야 국민이 조폐국에 맡긴 귀금속들을 모조리 국고로 환수하기에 이릅니다. 하루아침에 재산을 빼앗긴 셈이니 영국 사람들은 더 이상 조폐국을 신뢰할 수 없었겠죠.

그렇다고 마냥 개인적으로 보관할 수도 없었습니다. 금은 훌륭한 자산이었지만, 단점이 있었습니다. 많이 갖고 다니기에는 너무 무거울 뿐만 아니라, 보관하려면 부피도 꽤 차지했죠. 지금이야 사적으로 고가의 안전금고를 보유한 가정도 꽤 있지만, 그래도 많은 양의 금을 개인이 집에서 보관하기란 쉽지 않습니다. 당시에는 더더욱 공간 확보나 도난 사고를 방지하기 위한 대비 등 신경 써야 할 일이 한두 가지가 아니었죠.

그래서 튼튼한 금고를 가진 금세공업자를 찾게 된 거죠. 게다가 그들은 금을 다루는 일을 하다 보니 금의 무게와 순도가 달라서 생길 수 있는 가치 평가 문제도 함께 해결할 수 있었습니다. 금세공업자가 일종의 보증을 서는 셈이었지요. 꿩 먹고 알 먹고였습니다. 그래서 보관료를 내고 금세공업자에게 금을 맡기게 된 것입니다.

시간이 흐를수록 금세공업자에 대한 신뢰가 두터워지면서 금을 맡기는 사람은 더 늘어나게 되었습니다. 머지않아 사람들은 서로 거래할 때 금을 실물로 거래하기보다 금세공업자에게 받은 금 보관증, 즉 골드스미스노트를 사용하는 게 훨씬 간편하다는 걸 깨달았습니다. 다시 말해 금 보관증 자체가 돈의 역할을 하게 된 것이지요. 바로 그 골드스미스노트가 앞에서도 얘기했던 대로 서양 지폐의 모태가 된 것이고요.

그렇게 많은 양의 금이 금세공업자들에게 몰려들었죠. 그러자 몇몇 영리한 금세공업자들은 아주 놀라운 사실을 깨닫습니다. 그게 뭐냐고요? 금세공업자인 자신에게 금을 맡기고 보관증을 받아 간 사람들은 자신이 맡긴 금을 한 번에 다 찾아가지도 않을뿐더러, 모든 사람이 한꺼번에 보관증을 들고 나타나 많은 금을 동시에 찾아가는 일도 거의 일어나지 않는다는 것을 말이에요.

잠깐만!

세계 최초의 은행

영란은행 이전에도 은행과 비슷한 역할을 했던 기관이 인류사에 존재했다. 화폐가 등장하기 훨씬 전인 기원전 2,000년경 고대 메소포타미아에서 인류 역사상 최초로 은행의 전신을 찾아볼 수 있다. 당시 메소포타미아의 왕궁이나 사원은 귀중품을 안전하게 보관할 수 있었을 뿐만 아니라 씨앗이나 농기구 등을 빌려주었다. 이를 증명하기 위해 점토판을 사용했다. 신기하게도 점토판에는 빌려준 물품, 갚아야 할 시점, 돌려받을 양까지 구체적으로 기록되어 있었다.

당신들과 이익을 나누겠어요

금세공업자들은 새로운 사업 아이디어를 떠올립니다. 바로 금이 필요한 사람에게 고객이 맡긴 금을 빌려주고, 그 대가로 이자를 받는다면 쏠쏠한 수입을 올릴 수 있다고 생각한 거죠. 금 보관료로만 만족하지 않고 새로운 수익모델을 창출한 거죠. 여기서 떠오르는 게 있지요? 바로 현재 은행에서 돈이 필요한 사람들에게 대출해 주는 것과 비슷합니다. 다만 이 새로운 사업을 시작하며 금을 맡긴 사람들에게는 관련 사실을 제대로 알리지 않았죠.

하지만 금주(金主)들도 마냥 둔했던 건 아니었기에 곧 이상한 낌새를 알아챕니다. 왜냐하면 아무리 봐도 자신들이 지불한 금 보관료보다 금세공업자들이 훨씬 더 많은 돈을 벌어들이는 것 같았으니까요. 결국 금세공업자들이 맡겨진 금을 이용해 다른 사람들에게 금을 대출해 주고, 이자를 받고 있다는 사실을 알게 되었죠.

금주들은 금세공업자들을 찾아가 추궁했습니다. 자신들이 맡긴 금으로 돈벌이하는 것에 대한 문제를 제기한 거죠. 그러자 금세공업자들은 금주들에게 한 가지 제안을 하게 됩니다. 바로 대출이자를 나누어 갖자는 것이었습니다. 금을 맡긴 사람들은 자신의 금을 안전하게 보관하는 동시에 추가 이익까지 생기는 솔깃한 제안에 동의하게 됩니다. 요즘으로 치면 예금에 이자가 붙는 것과 비슷합니다.

오늘날에도 보통 은행의 대출금리는 예금금리보다 더 높습니다. 그건 이때도 마찬가지였죠. 금세공업자들이 벌어들이는 대출이자

는 금을 맡긴 사람들에게 나누어주는 이자, 즉 일종의 예금이자보다 항상 더 많았고, 점점 더 큰돈을 벌게 되었죠.

그런데 금세공업자들은 영리한 머리를 이용해 더 큰 욕심을 부리게 됩니다. 사실 금세공업자에게 금을 맡겼거나 빌려 가는 사람들은 자신이 맡긴 금 말고도 금고에 정확하게 얼마나 많은 금이 보관되어 있는지는 알 수 없었죠. 금세공업자들은 바로 이 점을 이용하기로 합니다. 즉 보관 중인 금보다 더 많은 금 보관증을 발행하여 대출하기 시작한 것입니다. 심지어 있지도 않은 금에 대해 발행한 금 보관증 대출의 경우에는 금주들과 대출이자를 나눌 필요도 없었지요. 이런 꼼수로 금세공업자들은 엄청난 부를 쌓게 됩니다.

그러나 꼬리가 길면 밟히는 법이죠. 처음에는 금세공업자가 벌어들이는 엄청난 수입을 의심한, 일부 눈치 빠른 금주들이 보관증을 들고 가서 맡겼던 금을 도로 찾아가기 시작했습니다. 그러자 이를 지켜본 다른 금주들도 금세공업자들을 의심하게 됩니다. 그러자 걷잡을 수 없이 많은 사람들이 금세공업자에게 찾아와 보관증을 내밀며 금을 회수해 갔지요. 오늘로 치면 이른바 **뱅크런**[4]이 발생한 것입니다. 너도나도 금을 도로 찾아가니 어느덧 금세공업자의 금고에는

....
4. 은행의 대규모 예금 인출 사태를 말한다. 이는 은행에 돈을 맡긴 사람들은 은행의 재정 상태에 문제가 있다고 인식하면 그동안 저축한 돈을 인출하려는 생각을 갖게 된다. 그러면 예금을 이용하여 대출 등 다양한 금융 활동을 하고 거기에서 수익을 창출하는 은행들로선 당장 돌려줄 돈이 바닥나는 패닉 현상이 닥치게 되는데 이를 뱅크런이라고 한다. 우리나라 예금보험공사는 뱅크런으로 인한 은행의 위기를 막기 위해 은행이 문을 닫더라도 5,000만 원(1억 원으로 상향 예정)까지 보호해 주는 예금자보호법을 시행하고 있다. 보호 금액은 국가마다 다르게 시행되고 있는데 미국의 경우 25만 달러(약 3억 3천만 원)이다.

디지털 뱅크런을 아시나요?

뒤에서 금융의 디지털 혁신에 관해 살펴보겠지만, 이와 함께 금융권에서 디지털 뱅크런에 대한 대비가 중요해졌다. 실제로 2023년 3월, 미국 실리콘밸리뱅크(SVB, Silicon Valey Bank)가 파산했는데, 가장 큰 이유가 바로 디지털 뱅크런이었다. 단 이틀 동안 모바일로 예금을 인출하려고 한 금액이 무려 420억 달러(한화 약 55조6,000억 원)에 달했기 때문이다. 이 사건은 우리나라 은행에도 디지털 뱅크런에 대한 경각심을 불러일으킨 계기가 되었다. 실제로 SVB는 디지털 뱅크런이 일어난 지 불과 36시간 만에 파산을 선고했다 [5]

혹시 SVB는 자본구조가 부실한 은행이 아니었나 생각한다면 큰 오해이다. 파산 당시(2023년 3월 10일까지) 미국에서 16번째로 큰 은행이었고, 예금 규모는 실리콘 밸리에서 최대였다. SVB는 예금 규모 약 1,700억 달러, 대출 규모 약 700억 달러로 예금 규모에 비해 상대적으로 대출 규모가 작았다. 이에 여유자금의 대부분을 대표적인 안전자산 상품인 미국 정부 발행 채권에 투자했다.

하지만 코로나 팬데믹이 어느 정도 진정되자 미국 정부는 팬데믹 기간 시중에 풀린 막대한 돈이 급격한 인플레이션을 불러일으켰다고 판단하였다. 그리고 이를 회수하기 위해 공격적으로 금리를 인상하자 채권가격이 급락하게 된다. 채권의 가격은 기준금리의 움직임과 반대로 움직이기 때문이다.

물론 채권의 경우 만기까지 보유하고 있으면 원금과 이자를 모두 상환받기 때문에 문제가 될 것이 없다. 하지만 워낙 경기가 급속도로 나빠지면서 실리콘밸리뱅크의 주요 고객인 스타트업회사들이 너도나도 예금을 찾아가다 보니 문제가 생긴 것이다. SVB도 예금인출에 대응하기 위해 고육지책(苦肉之策)으로 가격이 한참 떨어진 채권을 팔 수밖에 없었다. 하지만 가격이 떨어진 채권을 전부 다 판다고 해도 앱 플랫폼에서 순식간에 빠져나가는 예금인출을 당해내기에 속수무책이었다.

송금 완료~

5. 이성희, 〈SVB 사태, 국내 은행은 안전할까〉, 《DealSite》, 2023.03.17.

금이 남아나지 않게 되었고, 있지도 않은 금까지 빌려준 금세공업자는 도저히 금을 돌려줄 수 없는 지경에 이르게 됩니다.

궁지에 몰린 금세공업자에게 손을 내민 건 영국 왕실이었습니다. 당시 왕실은 오랜 전쟁으로 재정난을 겪으며 많은 금화가 필요해진 상황이었죠. 이에 금세공업자에게 한 가지 제안을 합니다. 영국 왕실에 투자하는 금세공업자에게 금 보유량의 3배에 달하는 가상의 돈을 발행할 수 있는 면허를 발급해 주겠다는 거래였습니다. 이것이 바로 영국에서 탄생한 공식적인 은행업의 시초이며, 영란은행의 모태가 됩니다.

금융이란 무엇일까요?

은행의 탄생과 관련된 이야기가 재미있었나요? 이제부터는 본격적으로 금융에 관해 살펴보려고 합니다. 앞에서도 잠깐 금융의 정의를 살펴보았어요. 금융을 한자로 쓰면 '金融'입니다. 우리말로 풀어보면 돈(金)을 융통하는 것, 즉 돌려쓰는(融) 것입니다. 좁은 의미로는 이자를 붙여서 자금을 빌리고 빌려주는 일을 말하죠. 한편 영어로는 '파이낸싱(Financing)', 좁은 의미로는 '뱅킹(Banking)'이라고 해요. 영어 단어가 뭔가 익숙하지 않나요? 맞아요. 돈을 빌리거나 빌려주는 일이 '뱅킹(Banking)'이고, 그런 일을 중개해 주는 곳이 '뱅크(Bank, 은행)'인 것이죠.

앞에서 금세공업자들이 높은 금리로 대출해 주고, 그보다는 낮은 금리의 예금이자를 금주들에게 지급했던 것을 기억하지요? 은행의 수익구조도 비슷합니다. 예금금리와 대출금리의 차이, 즉 **예대마진**으로 얻는 수익을 중심으로 운영되니까요.

조금 풀어서 설명해 볼게요. 금융이란 여유자금을 가지고 있는 쪽(공급자)이 자금이 필요한 쪽(수요자)에게 자금을 빌려주는 것입니다. 눈에 보이는 물건이나 아파트 등의 실물 거래라면 물건값을 주고받는 형태로 이루어지겠죠? 즉 해당 실물의 시세에 맞게 책정된 돈을 지불하고 물건을 받으면 그 자리에서 즉시 거래가 종료되는 것이에요. 이처럼 생산물시장과 생산요소시장을 통한 재화와 서비스의 생산, 지출, 분배 등과 관련된 경제활동을 실물경제라고 합니다.

주고받고 끝나는 실물 거래와 달리 금융은 돈(원금)을 빌리고 일정한 시간이 흐른 뒤에 돈(원금+이자)을 갚는 행위가 하나의 묶음으로 이루어진다는 특징이 있습니다. 이러한 금융이 이루어지는 금융시장은 자금이 이동하는 형태에 따라서 직접금융시장과 간접금융시장으로 나뉘어요. 금융은 반드시 은행을 통해서만 이루어지는 것은 아닙니다. 여러분이 많이 들어봤을 증권시장에서도 주식이나 채권을 발행하고 매매하는 형태로도 금융이 이루어집니다.

금융시장 중에서 은행을 거치지 않고 자금에 대한 수요자와 공급자가 직접 자금을 융통하는 경우를 **직접금융시장**이라고 하고, 은행이 중개자가 되어 자금의 수요자와 공급자를 연결해 주는 경우를 **간접금융시장**이라고 해요.

직접금융과 간접금융을 알아보자

차이를 좀 더 알기 쉽게 이해할 수 있게 이야기를 하나 가정해 볼까요? 갑돌이는 집안 대대로 내려온 장맛 비법을 할머니께 물려받았어요. 누구나 한번 맛보면 깜짝 놀랄 만한 맛이기에 그냥 집에서 찌개나 끓여 먹으면서 썩히기에 아까웠죠. 갑돌이는 음식점을 차리면 큰돈을 벌 거라고 생각합니다. 음식점을 차리는 데 드는 비용을 이것저것 계산해 보니 아무리 작게 시작해도 약 일억원이 필요하다고 가정해 봅시다. 그런데 갑돌이 수중에는 그만한 돈이 없어요. 돈이 없으니까 이대로 포기해야 하나요? 하지만 갑돌이는 도저히 포기할 수 없었어요. 왜냐하면 할머니의 장맛에 그만큼 자신이 있었기 때문이죠. 갑돌이는 어떻게 할까요?

다행히도 갑돌이는 은행에서 5천만 원을 대출받을 수 있었습니다. 필요한 돈의 절반을 구한 셈이지만, 아직 절반이 부족합니다. 그런데 갑돌이의 장맛에 반해 음식점 사업 전망을 높이 평가하며 투자하겠다는 사람들이 나타났어요. 그래서 갑돌이는 투자할 의향을 밝힌 사람들에게 주식을 발행해서 나머지 5천만 원을 조달하여 가게를 여는 데 성공했습니다. 그렇다면 갑돌이는 간접금융(은행대출)으로 5천만 원, 직접금융(투자자)으로 5천만 원을 조달한 것이에요.

갑돌이의 이야기처럼 자금조달 방식은 대체로 혼합되는 경우가 많습니다. 우리나라의 많은 기업도 직접금융 또는 간접금융 한 가지 방식으로만 필요한 자금을 조달한 경우는 거의 없죠. 대부분 두

개인   은행   기업

간접금융

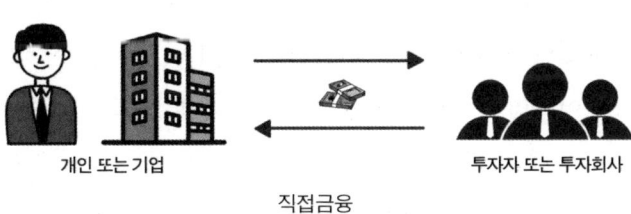

개인 또는 기업   투자자 또는 투자회사

직접금융

간접금융과 직접금융

자금을 조달할 때는 간접금융과 직접금융을 적절히 혼합하여 활용한다. 일반적으로 자본시장
이 발달한 선진국에서는 자금 조달에 있어 투자자를 모으는 직접금융의 비중이 높은 편이다.

가지 자금조달 방식을 기업의 상황에 맞게 적절히 혼합합니다. 단
갑돌이의 경우 직접금융과 간접금융 비중이 같았지만, 현실에서는
직접금융과 간접금융의 비중이 다른 것이 더 일반적이죠.

일반적으로 자본시장이 발달한 선진국의 경우, 자금 조달에 있어
투자자를 모으는 직접금융의 비중이 높은 편입니다. 반면 개발도상
국 또는 후진국의 경우에는 은행이 중심이 되는 간접금융이 더 높은
비중을 차지합니다. 마찬가지로 기업의 경우에도 신용도가 우량한
회사일수록 직접금융 방식의 자금 조달 비중이 높습니다.

디지털 혁신이 뒤바꾼 우리의 금융생활

금융생활의 중심에는 여전히 은행이 큰 비중을 차지한다는 것을 알게 되었을 것이에요. 그런데 요즘은 은행을 직접 찾지 않아도 해결할 수 있는 금융 업무들이 많아졌습니다. 과거에는 예금, 입금, 출금, 공과금납부, 대출 등의 은행 업무를 처리하려면 반드시 지점을 방문해야 했지만, 이제는 굳이 지점을 방문하지 않아도 해결할 수 있는 일들이 많아졌으니까요. 특히 특히 스마트폰 시대로 넘어가면서 비대면 금융생활은 빠르게 정착되고 있죠.

심지어 아예 비대면을 전면으로 내세운 은행들도 있어요. 앞에서도 잠깐 언급했던 인터넷전문은행들로 카카오뱅크, 케이뱅크, 토스뱅크 등이 있지요. 인터넷전문은행이란 물리적인 점포(영업점 혹은 지점) 없이 온라인으로 은행업을 수행하는 은행입니다. 업무의 대부분은 모바일앱으로 이루어지고, 현금거래를 위해 자동화기기(ATM)를 사용하는 정도입니다.

처음 등장했을 때만 해도 사람들은 생소해하면서 미심쩍은 눈초리를 던지기도 했지만, 곧 익숙해졌죠. 인터넷전문은행들이 영업을 개시한 시점은 생각보다 오래되지 않습니다. 2015년 11월 국내 최초로 카카오와 KT가 인터넷은행사업자로 선정되었으니 불과 10년 남짓이에요. 즉 10년 전만 하더라도 낯설기만 했던 금융거래 환경이 지금은 아주 익숙한 상황이 된 것입니다.

조금 더 구체적으로 들여다볼까요? 인터넷전문은행은 디지털 플랫폼 경쟁력을 앞세워 차별화된 마케팅, 비대면 서비스 다각화 등의 전략을 펼쳤습니다. 이런 전략들을 기반으로 적극적으로 고객수 증대와 서비스 활성화를 위해 노력했지요. 그 결과 이들 은행 모두 이용자 규모가 급증하였습니다.

초반에는 온라인에 익숙한 20대 젊은 층을 중심으로 고객층이 형성되었지만, 현재는 20대에서 50대의 폭넓은 연령대의 고객군을 형성하면서 저변이 확대되었습니다. 그 결과 인터넷전문은행 3사인 카카오뱅크, 케이뱅크, 토스뱅크는 2024년에 가입자 4,000만 시대를 열었죠. 카카오뱅크는 2,283만 명(2024년 3월 말 기준), 케이뱅크는 1,000만 명(2024년 2월 기준), 토스뱅크는 1,000만 명(2024년 4월)을 넘겼습니다.[6] 모바일로 손쉽게 거래할 수 있다는 장점을 앞세워 점점 더 많은 사람들이 인터넷전문은행을 이용하고 있으며, 시중은행과의 격차도 점점 줄어들고 있습니다.

오히려 그런 모습에 자극받은 기성 은행들도 모바일 서비스 확대에 큰 투자를 하게 됩니다. 그래서인지 이제는 기성 은행에서도 인터넷뱅킹, 모바일뱅킹 등의 이용에 있어서 인터넷 전문은행과 비교해 큰 불편함을 찾기 어렵습니다. 그뿐만 아니라 여전히 지점을 방문하여 처리해야 하는 일도 있다 보니 차라리 기존 은행에서 한꺼번에 처리하는 게 더 편리할 때도 있을 정도입니다.

이러한 현상을 미뤄볼 때, 디지털 혁신을 빼고 은행의 미래를 이

....
6. 신융아, 〈토스뱅크 가입자 1000만 돌파… 인터넷은행 출범 7년 만에 4000만 시대〉, 《서울신문》, 2024.04.17.

화폐가 사라진 미래

아직 우리는 현금을 사용하지만, 점점 줄어드는 추세다. 실제로 최근 서울을 비롯한 몇몇 도시에서 현금 없는 버스 노선을 운영하거나 늘리고 있다. 교통카드 없이 버스를 탔다가는 자칫 낭패를 볼 수도 있다.

세계에서 가장 빠르게 현금 없는 사회로 바뀌고 있는 나라는 스웨덴이다. 스웨덴에서는 현금 대신 '스위시(Swish)'[7]라는 스웨덴 모바일앱 결제 방식을 주로 사용한다. 아예 현금 대신 스위시로만 결제한다고 안내하는 가게도 있다고 한다. 스위시가 워낙 폭넓게 사용되면서 'swisha(스위시하다)'라는 신조어까지 만들어졌다고 한다. 스웨덴은 세계 최초로 은행권 지폐를 발행한 나라였는데, 지금은 세계 최초로 현금 없는 나라가되어 가는 것이 흥미롭다.

....
7. 어플리케이션의 전체 이름은 'Swish betalningar'이다.

야기할 순 없을 것이에요. 다만 디지털 혁신은 단순히 기존의 아날로그 서비스를 디지털 또는 모바일로 전환하는 것만을 의미하지 않습니다. 은행 업무, 카드, 증권, 보험 등의 다양한 금융 서비스를 내 손 안에서 편리하게 처리할 수 있는 디지털플랫폼을 제공하는 것입니다. 특히 최근 들어 챗GPT의 빠른 성장과 함께 인공지능(AI)을 활용한 비대면 모바일 자산 관리 서비스까지 통합하여 제공하는 금융회사가 미래에는 가장 많은 고객을 확보할 것으로 전망되기도 합니다. 이는 은행뿐만 아니라 모든 금융기관이 이미 디지털, 핀테크, AI에 상당한 투자를 하고 있는 점에서도 확인할 수 있지요.

다만 우리가 주의하여 기억해야 할 점이 있습니다. 은행은 기본적으로 불특정 다수로부터 예금 등의 형태로 자금을 조달하고, 이를 다시 자금이 필요한 수요자에게 빌려주는 곳입니다. 아무리 디지털이 발전하고 AI가 보편화된다고 하더라도 은행의 자산 구조가 튼튼하지 않으면 사상누각(沙上樓閣), 즉 모래 위에 집을 짓는 것과 다를 바 없을 것입니다. 따라서 여러분이 금융 거래할 은행이나 금융기관을 선택할 때는 금융회사들이 저마다 내세우는 고객 서비스 측면의 장점과 혜택만 볼 것이 아니라 얼마나 내실 있는 금융기관인지를 잘 따져봐야 합니다. 그래야 안전한 자산운용이 가능할 것이에요.

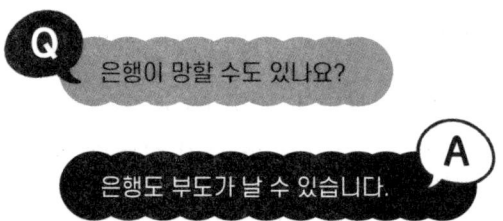

Q 은행이 망할 수도 있나요?

은행도 부도가 날 수 있습니다. **A**

은행이 망하는 것은 쉽게 접하기 힘든 일이지만, 그렇다고 불가능한 일도 아닙니다. 기본적으로 은행업이란 것은 타인의 돈(예금자)을 빌려서 또 다른 타인(대출자)에게 빌려주는 산업이라 상대적으로 단기인 예금을 그보다는 장기의 대출로 변환하는 것이 일반적입니다. 또한 예금자(은행에 대한 채권자 입장)는 언제든지 원할 때 예금을 회수할 수 있지만, 대출의 경우 은행(대출자에 대한 채권자 입장)이 만기 이전에 맘대로 회수할 수 없습니다. 따라서 은행은 본질적으로 뱅크런(대규모 예금인출 사태)와 유동성 위험(현금 부족 위험) 및 자산부채의 만기불일치(단기자금조달+장기자금운용) 위험을 내포하게 됩니다.

골드스미스에 관한 내용에서도 나왔지만, 뱅크런이란 은행에 돈을 맡긴 사람들이 한꺼번에 돈을 찾아가려는 상황을 말합니다. 주로 은행의 자본금이 충분하지 못해서 재무구조가 건강하지 못하거나 부실 대출의 위험이 있는 등 금융기관 자체에 문제가 있는 경우에 나타납니다. 또 경제 상황이 예기치 못하게 급변할 때, 예금자들이 상대적으로 위험해 보이는, 소위 부실 은행으로 달려가 한꺼번에 예금을 인출하려고 합니다. 이때 은행이 예금사에게 예금을 돌려주지 못하면 파산하게 되는 것이지요. 특히 디지털 전환으로 앱 플랫폼 사용자가 늘어난 오늘날과 같은 상황에서는 시중 은행들이 '초고속 디지털 뱅크런'에 대한 공포감을 가질 수밖에 없습니다(디지털 뱅크런에 관해서는 115쪽 글상자 참조). 위기 상황에서 자칫 한꺼번에 많은 자금이 미처 손쓸 겨를도 없이 순식간에 빠져나갈 수 있으니까요.

은행이라고 해서 모두 안전한 것은 아닙니다. 은행의 위험에 대비하기 위해서는 예금자보호법에 명시된 예금자보호대상 금융기관과 금융상품을 확인하고 금융기관별로 각각 최대 5,000만 원(원금+이자)[8]까지만 분산하여 투자하는 것이 내 자산을 안전하게 지키는 좋은 방법입니다.

----

8. 예금자보호법 개정에 따라 2025년 중에 예금보호액이 1억 원으로 상향 예정이다. 이는 5천만 원 한도로 정했던 2001년 이후 24년 만이다.

#소득

02

돈,
어떻게 벌 것인가?

돈이 필요한 이유

돈이 없으면 저축도 할 수 없겠죠? 실제로 돈은 우리의 인생에서 꽤 중요한 부분을 차지하지만, 아이러니하게도 동서양을 막론하고 돈에 집착하는 것을 천박하게 여기는 풍조가 있습니다. 예컨대 여러분도 이런 말들을 접해 봤을 것이에요.

"돈으로 행복을 살 순 없다."
"배부른 돼지보다 배고픈 소크라테스가 낫다."

돈이 인생의 전부는 아니지만, 돈의 가치를 너무 깎아내리는 것도 별로 지혜로운 생각은 아닙니다. 앞서 소개했듯이 잠자는 동안에도 소비 지출이 일어나는 마당에 무엇을 하든 돈이 필요하니까요. 또 돈이 좀 더 윤택하고 편리한 삶을 살아가는 데 큰 도움이 된다는 점도 부인할 수 없습니다. 따라서 너무 집착하는 것도 문제지만, 경시하는 것도 그리 올바른 태도는 아닐 것이에요.

여러분은 왜 돈을 벌고 싶은가요? 좀 더 구체적으로 돈을 벌어서 무엇을 하고 싶은가요? 그 이유에 대해서는 무수히 많고 다양한 답이 있을 수 있겠습니다. 버킷리스트처럼 미래에 하고 싶은 일들, 가족 부양, 예상치 못한 사고 등에 대한 대비, 편안한 노후생활 등 끝없이 나열할 수 있을 것이에요. 이런 수많은 이유들을 비슷한 성격으로 묶어서 분류하면 크게 다음의 몇 가지로 돈을 벌어야 하는 이유를 정리할 수 있을 것입니다.

첫째, 삶을 영위해 나가기 위해서입니다. 이는 가장 근본적인 이유이기도 합니다. 누구나 살아가려면 필수적인 자원이 필요하며, 그 자원들을 얻기 위해서는 돈이라는 것이 필요합니다. 선택의 문제가 아니라 당위의 문제라는 것이죠. 너무 당연한 말 아니냐고요? 그렇습니다. 너무 당연하게도 우리는 돈이 없다면 음식을 사지 못 하고, 집을 사서 거주하거나 전세로 들어가서 거주할 수도 없으며, 의류나 생활용품도 사지 못하고, 교육을 받지 못하고, 의료 서비스도 이용하지 못합니다. 인간으로서의 가장 기본적인 삶을 유지하기 위해서 필요한 생활비를 충당할 만큼의 돈은 적어도 가지고 있거나 벌어야 합니다. 만약 〈나는 자연인이다〉라는 텔레비전 프로그램처럼 혼자서 자급자족할 수 있다면 돈을 벌 일도 쓸 일도 없겠지만, 자연인도 어느 정도 필요한 생필품은 구입해서 살아간다고 볼 때, 돈이 없으면 정상적인 삶을 유지하기 어렵습니다.

둘째, 돈은 삶의 질을 높이기 위해서도 필요합니다. 우리는 취미나 여가 활동을 즐기기 위해 돈을 사용합니다. 예를 들어, 취미로 운동을 즐기는 경우 체육관 회원비를 내거나 운동용품을 구매해야 합니다. 요즘 MZ세대에게 골프의 인기가 높아졌다고 하죠? 하지만 골프를 즐기려면 골프클럽, 골프공이나 장갑 같은 골프용품, 골프복, 골프화, 골프장 비용, 교통비 등을 감당할 정도의 돈이 필요해요. 여행을 즐기는 경우에도 마찬가지로 비행기표와 호텔 예약을 위한 비용이 필요합니다. 흔히들 밥만 먹고 살 수는 없다고 말합니다. 바로 이러한 기본적인 의식주 외에 사람들은 각자의 욕구가 있고 그 욕구들을 해소하는 데 있어 대부분의 경우 돈이 필요합니다.

셋째, 돈은 미래를 위해 저축하는 데 필수적인 자원입니다. 예를 들어 대학에 가거나, 집을 구입하거나 차를 구입하려면 큰 지출을 해야 하기에 돈을 모아야 합니다. 대출을 받아서 큰 지출을 감당할 수도 있겠지만, 대출은 어차피 나중에 갚아야 할 돈입니다. 저축은 미래를 대비하는 가장 쉽고 현명한 방법이죠.

넷째, 돈을 벌면 우리의 자신감과 자존감을 높일 수 있습니다. 돈을 벌어서 자신의 생활비를 충당할 수 있다면, 가족이나 친구들에게 도움을 줄 수 있다면, 또는 자신의 능력을 인정받으면서도 보상으로서 돈을 번다면 누구나 성취감을 높이고 삶의 만족도를 높일 수 있습니다. 성취감과 만족감은 자신감을 넘어 자존감으로 연결됩니다. 자신감과 자존감이 높은 사람은 자신의 능력을 더욱 잘 발휘할 수 있습니다. 자신감과 자존감이 높을수록 미래에 지금보다 더 높은 소득을 올리게 만드는 원동력이 되는 것이죠.

끝으로 돈은 우리가 사회와 상호작용하는 데 필수적인 역할을 합니다. 우리는 돈을 이용해서 상품과 서비스를 구매하고, 노동력을 제공하여 임금을 받아서 다시 소비활동과 투자활동 등의 경제활동을 합니다. 또한 우리가 얼마만큼의 돈을 가지고 있느냐는 우리의 신용도를 결정하는 데도 중요한 역할을 합니다.

소득, 소비, 저축, 대출, 투자 등의 모든 행위는 상호 연결되어 경제가 잘 흘러갈 수 있게 만듭니다. 그뿐만 아니라 그 과정에서 다른 사람 혹은 기관(경제주체)과도 상호작용을 일으키며 경제생활과 일상생활을 동시에 영위할 수 있게 하죠.

수입과 지출로 알아보는 소득격차

아무리 돈 욕심이 없는 사람이라도 먹고 살기 위한 최소한의 돈은 꼭 필요하다는 것을 이해했을 것이에요. 세상에는 엄청난 유산을 물려받아 평생 돈 걱정을 하지 않는 사람도 있을 수도 있고, 어느 날 갑자기 엄청난 금액의 복권에 당첨되어 돈벼락을 맞는 사람도 있지만, 모두 아주 드문 경우예요. 돈은 아무런 노력 없이 하늘에서 뚝 떨어지는 게 아니기 때문에 대부분 뭔가 일을 해서 돈을 벌어야 합니다. 어른들은 대부분 직업을 가지고 일을 함으로써 '소득'을 벌고 있습니다. 이처럼 일해서 버는 소득이 앞에서도 이야기했던 근로소득입니다.

그런데 열심히 일한다고 무조건 많은 돈을 버는 것은 아니에요. 또 세상 사람 모두가 동일한 소득을 올릴 수도 없죠. 대체로 소득은 직업, 교육, 기술에 따라 차이가 있지만, 이마저도 절대적인 기준은 아닙니다. 심지어 교육 수준도 비슷하고, 수행하는 업무 또한 비슷해도 소득은 얼마든지 달라질 수 있답니다. 그래서 이번에는 소득에는 어떤 종류가 있으며, 어떤 요인들이 개인 간 소득 격차를 만들어내는지 알아보기로 합시다.

● **수입에 대해 알아보자**

먼저 수입이에요. 수입은 일정 기간 개인이나 가계에 들어온 돈을 모두 아우르는 것입니다. 즉 빌린 돈이나 저축한 것을 인출한 돈도 수입에 포함되지요. 하지만 대부분의 수입은 역시 **소득**입니다. 개인이나 가계의 금융생활은 소득에서 출발하는데, 들어오는 돈이 있어야 쓸 수 있는 돈이 있는 것이기 때문이죠.

개인이나 가계는 생산 요소를 제공하고 그 대가로 소득을 얻습니다. 소득은 크게 몇 가지로 구분할 수 있습니다. 첫째, **근로소득**입니다. 다른 사람이 만든 회사에 출근해서 일, 즉 노동력을 제공하고, 그 대가로 월급을 받는 사람들을 근로자라고 하는데, 이들이 버는 소득이 근로소득입니다.

둘째, **사업소득**입니다. 자신이 직접 회사를 만들어 경영해서 버는 소득입니다. 기업뿐만 아니라 공장, 옷가게, 음식점 등을 경영하여 얻은 소득은 모두 사업소득입니다. 또 농사를 짓거나 물고기를 잡아서 팔고 얻은 소득도 사업소득입니다.

셋째, **재산소득**입니다. 재산소득은 개인이 가지고 있는 부동산, 증권, 돈과 같은 재산에서 비롯되는 소득입니다. 개인이 가지고 있는 건물에 세를 주고 받는 월세, 은행에 돈을 맡기고 받는 이자, 주식을 투자하여 거두어들이는 이득이나 배당금 등이 재산소득에 속합니다.

넷째, **이전소득**입니다. 생산활동에 기여한 대가로 얻은 돈이 아니라, 퇴직, 질병, 사고, 노령 등으로 인하여 경제적 도움이 필요하다고 인정되는 경우에 일정한 조건을 갖춘 사람이 국가 등으로부터 받는 돈입니다.

또 정기적인가 일시적인가에 따라 경상소득과 비경상소득으로

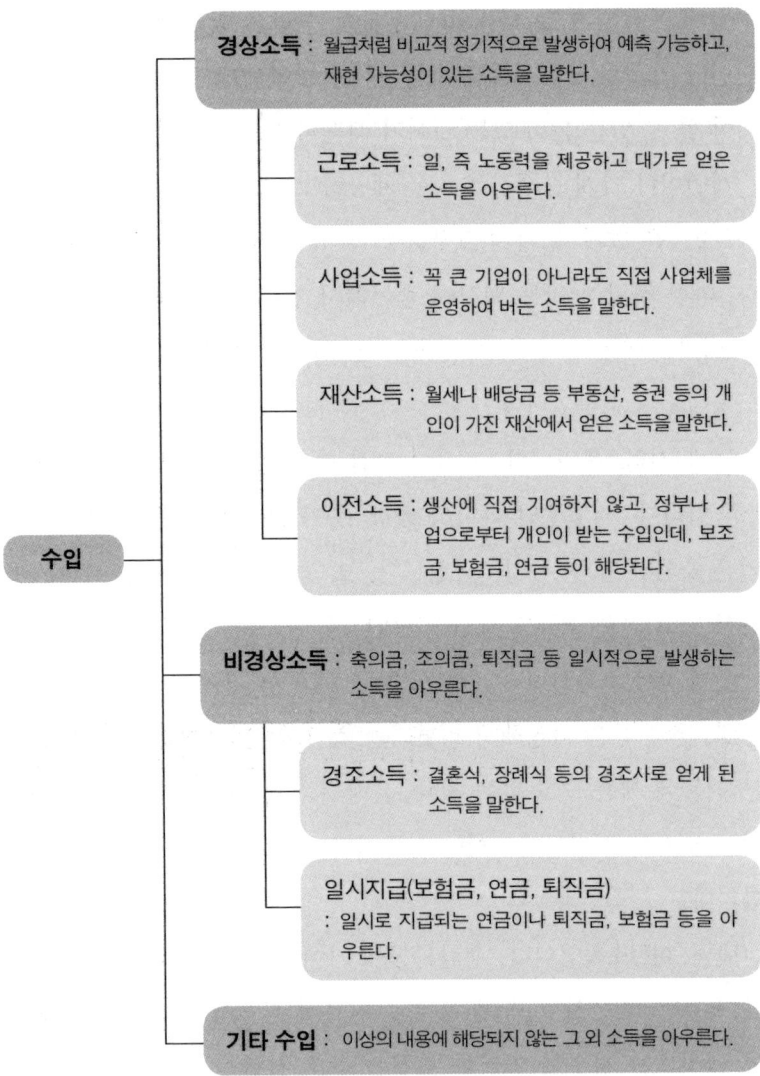

경상소득 : 월급처럼 비교적 정기적으로 발생하여 예측 가능하고, 재현 가능성이 있는 소득을 말한다.

근로소득 : 일, 즉 노동력을 제공하고 대가로 얻은 소득을 아우른다.

사업소득 : 꼭 큰 기업이 아니라도 직접 사업체를 운영하여 버는 소득을 말한다.

재산소득 : 월세나 배당금 등 부동산, 증권 등의 개인이 가진 재산에서 얻은 소득을 말한다.

이전소득 : 생산에 직접 기여하지 않고, 정부나 기업으로부터 개인이 받는 수입인데, 보조금, 보험금, 연금 등이 해당된다.

수입

비경상소득 : 축의금, 조의금, 퇴직금 등 일시적으로 발생하는 소득을 아우른다.

경조소득 : 결혼식, 장례식 등의 경조사로 얻게 된 소득을 말한다.

일시지급(보험금, 연금, 퇴직금) : 일시로 지급되는 연금이나 퇴직금, 보험금 등을 아우른다.

기타 수입 : 이상의 내용에 해당되지 않는 그 외 소득을 아우른다.

수입의 종류

수입은 크게 경상소득과 비경상소득 기타수입의 3종류로 나뉜다. 개인이나 가계의 금융생활은 소득에서 출발하게 된다.

나누기도 합니다. **경상(반복적)** 소득은 급여나 사업소득처럼 장기적이고 정기적으로 발생하는 소득이며, **비경상(일회성)** 소득은 퇴직금이나 축의금이나 부의금 등 경조사로 인한 소득처럼 일시적이고 비정기적인 소득을 말합니다(132쪽 그림에 수입의 종류를 요약하였다).

아래의 표는 우리나라 1인 이상 가구의 소득 구성을 정리한 것입니다(이하 모두 통계청 〈가계동향조사〉 2024년 3/4분기 자료임). 표에 정리한 내용을 살펴보면 전체가구 기준으로 가구당 월평균 소득은 5,255,452원이고, 이 중 근로소득이 3,328,503원으로서 63.3%가량을 차지하고 있음을 알 수 있습니다. 바로 뒤 134쪽에는 소득항목별 구성비와 함께 전년 동분기 대비 소득 증감률도 알아보기 쉽게 그래프로 그려놓았으니 참고하기 바랍니다.

전체가구 기준 월평균 가계수입(2024년 3/4분기)[9]

평균소득	5,255,452원
경상소득	5,153,633원
근로소득	3,328,503원
사업소득	986,963원
재산소득	53,780원
이전소득	784,387원
비경상소득	101,819원

....
9. KOSIS 국가통계포털 (검색일자: 2024.11.28.)

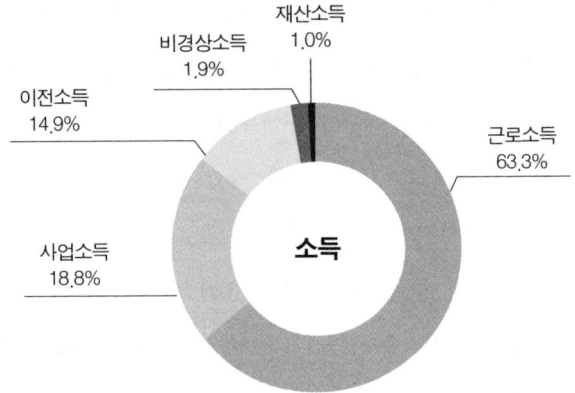

(단위: %)

재산소득
1.0%

비경상소득
1.9%

이전소득
14.9%

근로소득
63.3%

사업소득
18.8%

소득

※자료 : 통계청, 2024년 3/4분기 가계동향조사

가구당 월평균 소득 증감률 (단위: 원(%) 전년 동분기대비)

소득		
근로소득	+105,443(+3.3%)	
사업소득	+3,369(+0.3%)	
재산소득	+18,353(+51.8%)	
이전소득	+55,841(+7.7%)	
비경상소득	+39,706(+63.9%)	

소득
+222,713
(+4.4%)

※자료: 통계청, 2024년 3/4분기 가계동향조사

● **지출에 대해 알아보자**

이번에는 지출을 살펴봅시다. 가계수지를 분석할 때 꼭 알아둘 개념이 있는데, 바로 처분가능소득과 흑자액 그리고 평균소비성향(%)입니다(표의 아래칸 함께 참조). 먼저 **처분가능소득**은 '가처분소득'으로도 불립니다. 가구의 소득(133쪽 표 참조)에서 비소비지출을 차감한 금액이죠. '비소비지출'은 아래 표에서도 알 수 있지만, 먹고

전체가구 기준 월평균 가계지출(2024년 3/4분기)[10]

가계지출	3,975,158원
소비지출	2,907,448원
01. 식료품 · 비주류음료	433,919원
02. 주류 · 담배	40,155원
03. 의류 · 신발	114,397원
04. 주거 · 수도 · 광열	326,516원
05. 가정용품 · 가사서비스	127,771원
06. 보건	249,262원
07. 교통	312,258원
08. 통신	125,258원
09. 오락 · 문화	225,713원
10. 교육	252,879원
11. 음식 · 숙박	467,533원
12. 기타상품 · 서비스	231,789원
비소비지출 (조세, 연금기여금, 사회보험, 이자, 가구간 이전 등)	1,067,709원
처분가능소득(원) = (가구소득 - 비소비지출)	4,187,743원
흑자액(원) = (처분가능소득 - 소비지출)	1,280,295원
평균소비성향(%) = (소비지출/처분가능소득)×100	69.4%

·····················
10. KOSIS 국가통계포털 (검색일자: 2024.11.28.)

사는 데 들어가는 생활비 이외의 지출을 말해요. 월급쟁이들의 경우 급여에서 공제되는 항목들이 여기에 해당되지요. 비소비지출이 늘어나면 자연히 가계의 소비여력이 줄어들지요. **흑자액은** 처분가능소득에서 소비지출을 차감한 금액으로 저축이나 자산 구입, 부채 상환 등에 사용할 수 있는 금액을 말합니다. 그리고 **평균소비성향(%)** 은 처분가능소득에서 소비지출이 차지하는 비율을 말해요. 값이 낮을수록 여유가 있다는 뜻이고, 100이 넘으면 처분가능소득보다 소비지출이 더 크다는 것을 의미합니다.

오른쪽(137쪽)에 정리한 파이그래프를 보면 우리나라 가정에서는 음식·숙박(16.1%)에 가장 많은 돈을 쓰고 있네요. 식료품·비주류음료(14.9%), 주거·수도·광열(11.2%)이 뒤를 잇고 있어 역시 먹고 사는 데 가장 큰돈이 사용됨을 알 수 있습니다.

이제 우리나라 전체 가구의 살림살이를 들여다볼까요? 2024년 3/4분기 기준 월평균 5,255,452원의 소득을 올렸고, 3,975,158원을 지출했어요. 지출에서는 소비지출이 2,907,448원이고 비소비지출이 1,067,709원입니다. 그러니까 처분가능소득은 4,187,743원이네요. 처분가능소득에서 소비지출을 빼면 흑자액은 1,280,295원입니다. 또 처분가능소득에서 소비지출이 차지하는 비율인 평균소비성향은 약 69.4%군요. 이 값만 보면 '우리나라 가정은 그래도 쓰는 것보다는 많이 버는구나.'라고 생각하기 쉽습니다. 하지만 이는 평균의 함정입니다. 전체가구를 소득 기준으로 5개 그룹으로 나눠서 살펴보면 새로운 양상이 나타나니까요.

　(단위: %)

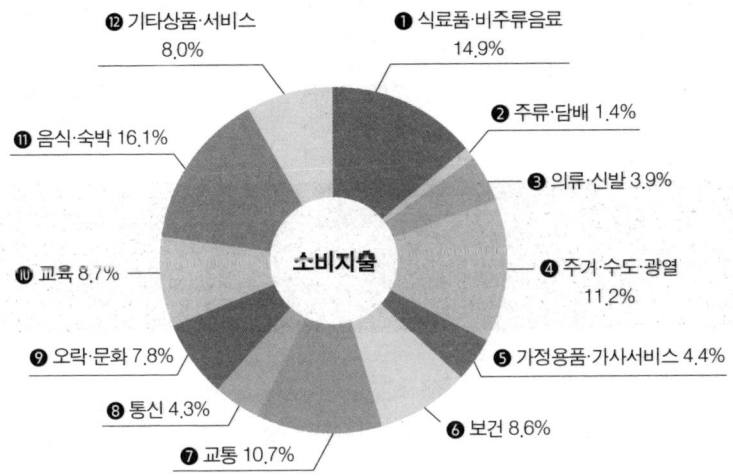

❶ 식료품·비주류음료 14.9%
❷ 주류·담배 1.4%
❸ 의류·신발 3.9%
❹ 주거·수도·광열 11.2%
❺ 가정용품·가사서비스 4.4%
❻ 보건 8.6%
❼ 교통 10.7%
❽ 통신 4.3%
❾ 오락·문화 7.8%
❿ 교육 8.7%
⓫ 음식·숙박 16.1%
⓬ 기타상품·서비스 8.0%

소비지출

※자료 : 통계청, 2024년 3/4분기 가계동향조사

가구당 월평균 지출 증감률　(단위: 원(%) 전년 동분기대비)

지출
+104,514
(+2.7%)

소비지출　+99,085(+3.5%)

비소비지출　+5,428(+0.5%)

※자료 : 통계청, 2024년 3/4분기 가계동향조사

5분위와 1분위 가구의 가계수지 비교(2024년 3/4분기)[11]

항목 구분	5분위 전체가구(소득 상위 20%)	1분위 전체가구(소득 하위 20%)
월평균소득	**11,543,453원**	**1,182,437원**
경상소득	11,179,630원	1,170,650원
비경상소득	363,823원	11,787원
가계지출	**7,607,915원**	**1,516,356원**
소비지출	5,045,173원	1,296,124원
비소비지출	2,562,743원	220,232원
처분가능소득	8,980,711원	962,205원
흑자액	3,935,538원	-333,919원
흑자율 (%)	43.8%	-34.7%
평균소비성향 (%)	56.2%	134.7%

위의 표는 전체가구가 아닌 소득이 가장 높은 5분위와 가장 낮은 1분위만 따로 떼어 소득과 지출을 정리한 것입니다. 먼저 5분위 가구는 처분가능소득 중 소비지출이 차지하는 비율인 평균소비성향이 약 56.2%로 전체가구의 69.4%보다 낮죠? 월 가계지출은 전체가구 평균의 약 1.9배 이상으로 높지만, 소득도 워낙 높아 여유 있는 생활을 짐작할 수 있어요. 하지만 1분위의 경우는 평균소비성향이 134.7%입니다. 앞서 평균소비성향이 100을 넘어가면 소득보다 지출이 더 많은 것이라고 했죠? 1분위의 가계지출은 전체가구 평균의 38% 수준에 불과할 만큼 허리띠를 졸라매고 있지만, 워낙 소득이 낮아 매달 가계 적자 누적이 우려되는 상황이에요.

....
11. KOSIS 국가통계포털 (검색일자: 2024.11.28.)

소득에 영향을 미치는 요인과
소득격차의 원인은?

앞서 소개한 자료에서 나타난 것처럼 자본주의 사회의 소득격차는 날이 갈수록 심해지는 양상을 보입니다. 이제부터 소득에 영향을 미치는 다양한 요인을 살펴볼까요? 그와 함께 소득 5분위 별 격차가 왜 해소되기 어려운지도 알아볼게요.

● 소득에 영향을 미치는 주요 요인

가계의 소득 중 가장 높은 비중(약 63%)을 차지하는 것은 노동을 제공한 대가로 받는 임금입니다. 임금은 개인의 능력도 중요하지만, 사회적인 요인도 작용하는데, 크게 다음과 같이 구분합니다.

첫째, **근로자의 기술과 교육의 정도**에 따라 차이가 있습니다. 근로소득은 근로자 개인의 노력과 능력에 많은 영향을 받습니다. 반드시 그런 것은 아니지만, 일반적으로 학력이 높을수록 근로소득도 높아질 수 있습니다. 또 숙련된 기술이나 고급 기술을 가진 경우에도 소득이 높아질 수 있죠. 이는 학력과 기술이 통상적으로 근로자의 생산성을 높이는 요인으로 평가되기 때문입니다. 즉 학력과 기술에 대한 대가가 주어지는 셈이에요. 주로 개인의 능력과 직업의 종류, 교육, 기술, 경력 등이 영향을 미칩니다. 학력이 높을수록, 전문 직종에 종사할수록, 경력이 많을수록, 직업 생활에 성실할수록 높은 편이지요.

둘째, **경제 상황**에 따라 차이가 있습니다. 소득은 호황과 불황, 임금 상승률, 물가와 같은 경제 상황을 반영합니다. 또한 최저임금제와 같은 정부 정책에도 영향을 받지요. 경제가 호황일 때는 사업소득이나 근로소득이 올라갈 수 있지만, 명목 소득 증가율보다 물가 상승률이 높으면 실질소득은 낮아질 수 있습니다. 또한 산업 구조가 변화하여 수요가 공급보다 늘어나는 직업은 임금이 높아질 수 있습니다. 희소성의 원칙이 여기에도 적용되는 거죠. 이전소득처럼 정부 정책에 영향을 받는 소득도 있습니다. 예를 들어 정부가 출산 장려 정책으로 육아 수당을 늘리면 다자녀 가구의 이전소득은 높아질 수 있겠죠.

셋째, **창의적인 아이디어**로 소득이 높아지는 경우가 있습니다. 최근에는 학력이나 경력에 얽매이지 않고 자신만의 창의적인 아이디어로 창업 등을 통하여 고소득을 올리는 사례가 늘어나고 있습니다. 이는 바람직한 현상으로 보입니다. 창의적인 아이디어로 사회적 부가가치를 창출하면 그 기여도에 따라 누구나 높은 소득을 올릴 수 있다는 뜻이니까요. 4차 산업 사회에서는 소득에 사회적 기여도가 반영되는 현상이 더욱 강화될 것이므로 근로자와 사업가 모두 자신의 소득을 높이고 싶다면 끊임없이 공부하고, 혁신 기술을 연구하며, 생산성을 높이고자 노력해야 합니다.

소득에 미치는 주요 요인들을 살펴보니 부모님들이 늘 "공부 열심히 해서 좋은 대학 가야 한다."라는 말씀이 잔소리로 느껴지겠지만, 따지고 보면 근거가 전혀 없는 이야기는 아님을 알 수 있지 않나요? 한편 창의적인 아이디어는 꼭 고학력자만 낼 수 있는 것은 아니므로 "공부 잘했다고 모두 돈을 잘 버는 건 아니야." 혹은 "행복은 성적순이 아니야."라는 말도 틀린 말은 아니죠.

다만 통계적으로 볼 때, 학력이 높을수록 소득이 높아질 확률이 커진다는 것도 사실인 만큼 불확실한 미래를 대비한다는 측면에서는 학창시절에 학업에 가장 많은 시간과 노력을 투자하는 것은 합리적인 의사결정이라고 할 수 있습니다.

● 소득 격차는 왜 갈수록 심해질까?

이번에는 소득 격차가 벌어지는 이유에 관해 알아봅시다. 안타깝지만 세상 사람 모두가 같은 출발점에서 인생을 시작하지는 않습니다. 태어날 때부터 상당한 부를 물려받아 평생 일을 하지 않아도 고소득이 보장된 사람도 있죠. 보유 자산, 예컨대 건물, 토지 등을 가진 경우 이를 누군가에게 빌려주고 임대료를 받는 등의 방법으로 수익을 올릴 수 있으니까요.

막대한 자산가라도 재산을 형성한 과정은 저마다 다릅니다. 자수성가로 재산을 모았을 수도 있고, 개인적인 노력 없이 부모님이나 조부모님으로부터 물려받아 형성된 재산도 있겠죠? 다만 양쪽 모두 드문 경우입니다. 평범한 근로자가 큰 규모의 자산을 형성하기란 쉽지 않죠. 일단 평균적인 지출보다 더 높은 수준의 임금을 받아야 합니다. 그리고 저축에만 의지하지 않고, 투자로 여유자금을 잘 형성해야 가능한 것입니다. 그런데 높은 임금이 보장된 직업을 갖는다는 것이 결코 쉬운 일은 아니며, 사업을 크게 성공시키는 것 역시 쉬운 일은 아닌 만큼 일반적으로 고소득자가 되기는 어려운 것이 현실입니다.

물론 유명 운동선수, 연예인, 유튜버, 인플루언서 등도 엄밀히 말하면 자기 힘으로 부를 쌓은 자수성가형 고소득자로 분류할 수 있어요. 하지만 이들은 전체 인구 대비 극소수라는 점을 상기해야 합니다. 심지어 같은 직업 종사자들 중에서도 이런 고소득층의 비중은 매우 낮으니까요.

고액 연봉자가 많은 프로야구선수를 예로 들어볼까요? KBO(한국야구협회)가 발표한 2023년 리그 선수단 연봉 현황에 따르면(2월 27일까지 계약 기준) 신인과 외국인 선수를 제외한 10개 구단 소속 선수 506명의 평균 연봉은 1억 4,648만 원으로 집계되었습니다. 반면 S구단에서 가장 높은 연봉계약을 한 선수의 경우 5년간 120억 원(연봉 90억 원+인센티브 30억 원)으로 연평균 24억을 받게 됩니다. 하지만 전국의 야구 지망생 중에서 10개 구단 소속의 프로야구선수가 되는 것조차 쉽지 않습니다. 치열한 경쟁을 뚫고 간신히 입단해도 신입 프로야구선수의 평균 연봉은 3천만 원 정도입니다. 가장 많은 연봉을 받는 선수의 약 80분의 1에 불과한 거죠.

다시 우리나라 전체 가구로 돌아오겠습니다. 가장 일반적인 가구의 소득은 약 3분의 2를 차지하는 것은 임금, 즉 근로소득이었죠? 근로소득을 높이기 위해서는 일반적으로 높은 학력 또는 고급 기술이 요구됩니다.

잠깐만!

청소년을 노리는 검은손 대리입금

게임 아이템, 아이돌 굿즈 등은 초등학생부터 청소년 사이에 특히 인기가 있다. 그런데 개중에는 이것을 사기 위해 빚까지 지는 경우마저 있다고 한다. 일명 '댈입'이라고 불리는 대리입금이다. 대리입금 업자는 일주일 정도 10만 원 정도를 빌려주고, 원금의 20~50% 수준의 높은 금리를 수고비로 받는다. 심지어 제때 돈을 갚지 못하면 '지각비'를 추가하는데, 이들이 취하는 금리를 연이자로 계산하면 무려 1000% 이상이다.

처음에는 소액이니 금방 갚을 줄 알았겠지만, 눈덩이처럼 순식간에 불어나는 이자로 인해 갚아야 할 돈이 걷잡을 수 없을 만큼 늘어난다. 하지만 이렇게 고금리 이자를 받는 행위는 현행법상 엄연히 불법이다. 만약 대리입금의 피해자라면 절대로 혼자 고민하며 숨기려 하지 말고, 반드시 부모님과 상담 후, 경찰에 신고해야 한다.

과거에는 교육이 기회의 사다리가 되기도 했지만, 이제는 학력과 경제력이 함께 가는 경우가 더 많습니다. 왜 그럴까요? 가장 큰 이유를 꼽자면 저소득층 가구일수록 소득에서 의식주 관련 지출이 차지하는 비중이 높아지기 때문입니다. 한편 교육에 지출하는 비중은 급격하게 줄어드는 모습을 보이죠. 의식주 관련 지출은 기본적으로 지출해야 하는 최저수준의 금액이 존재하기 때문에 아무리 허리띠를 졸라매도 줄이는 데 한계가 있습니다. 하지만 교육에 대한 지출은 당장 생계에 미치는 직접적인 영향이 작아 최소한의 지출만을 하게 되는 경향이 있어서 그렇습니다. 이로 인해 부의 대물림을 넘어 교육의 대물림 현상까지 함께 나타나고 있는 거죠.

Q 빚은 무조건 위험한가요?

A 단순 소비가 아닌 미래를 위한 투자를 위해서라면 괜찮습니다.

여러분은 주로 용돈을 받아 생활할 것이에요. 용돈이 떨어지면 아직은 부모님께 의지할 테니 남에게 큰돈을 빌릴 일은 드물겠죠? 가장 가까운 미래에 은행에서 돈을 빌리게 된다면 아마도 학자금 대출일 것입니다. 물론 학자금 대출 없이 학업을 계속할 수 있다면 제일 좋겠지만, 각 가정의 경제력은 다르니까요.

갚을 능력이 있다면 돈을 빌리는 건 문제가 되지 않아요. 오히려 돈을 빌려서 일단 공부에 집중하고 졸업 후 좋은 회사에 취직한다면 안정적인 급여를 받으며 대출도 금세 갚을 수 있겠지요. 이런 결말이라면 빚은 자신의 미래에 대한 성공적인 투자인 셈입니다.

이처럼 빚은 어떻게 이용하느냐에 따라 결과가 달라집니다. 특히 갚을 능력에 대한 고려 없이 소비를 위한 대출을 일삼는 것은 문제가 심각하죠. 예컨대 값비싼 노트북, 가방, 옷, 신발 등처럼 갖고 싶은 물건이 생길 때마다 돈을 빌린다면 어떻게 될까요? 가지고 싶은 물건을 사서 얻는 만족감은 잠시뿐입니다. 특히 충동적인 소비라면 더더욱 짧죠. 오히려 계속 불어나는 빚 때문에 스트레스가 쌓이고, 급기야 정상적인 생활이 어려울 만큼 엉망이 될 거예요.

　은행에서든 다른 금융기관에서든 돈을 빌리면 이자가 붙습니다. 이러한 대출이자는 예금이자보다 훨씬 높은 편이에요. 왜냐하면 예금이자와 달리 대출이자에는 은행이 추가로 더하는 금리인 '가산금리'가 반영되기 때문이죠(209쪽 글상자 참조). 가산금리에는 대출 관련된 업무로 발생하는 비용, 신용 위험, 은행의 수익률 등이 포함됩니다. 따라서 돈을 빌리면 빌릴수록 원금에 이자까지 갚아야 하니 생활이 점점 빠듯해질 거예요. 만약 은행에 빚을 갚지 못하면 내가 가진 물건이나 집을 은행에서 가압류하게 됩니다. 빌린 돈의 가치만큼 가져가는 거예요. 그러니 돈을 빌리는 것은 항상 신중해야 하고, 또 빌렸다면 약속한 날짜에 잘 갚아야 한답니다.

#목돈 만들기

03

돈을
불리고 싶다면?

저축만으로 부자는 될 수 없겠지만…

지금은 상상하기 어렵지만, 1980~1990년대 우리 나라의 은행 예금금리는 20%에 육박했습니다. IMF외환위기 전후로도 1년 만기 은행 예금이자가 20%를 웃돌았죠. 그런 고금리 시절에는 "티끌 모아 태산"이 정설처럼 받아들여졌고, 성실한 저축을 통해 부자가 되는 것도 전혀 불가능한 일은 아니었습니다.

하지만 지금은 은행에 돈을 많이 맡겨도 예금이자는 미미한 수준이에요. 그래서인지 몰라도 '저축'에 대해 회의적인 시각을 갖는 사람들이 꽤 많습니다. 쥐꼬리만 한 돈을 모으고 또 모아봐야 살찐 쥐 꼬리밖에 더 되겠느냐는 거겠죠. 하지만 단언컨대 저축은 목돈을 만들기 위한 첫걸음입니다. 작은 돈이라고 헤프게 써버리며 모으는 것을 경시한다면 목돈 만들기는 점점 멀어질 뿐이에요. 그러면서 한방에 큰돈을 벌 수 있는 사행성 높은 투기에만 솔깃해한다면 자 칫 큰 낭패를 볼 수도 있습니다.

저축이 필요한 현실적인 이유를 좀 살펴볼까요? 우리는 살면서 대학 진학, 결혼 및 출산, 내 집 마련, 자녀 결혼, 실직, 불의의 사고 등 목돈이 필요한 순간을 여러 번 마주하게 됩니다. 심지어 미처 예 상하지 못한 사건 사고와 맞닥뜨려 목돈이 절실히 필요해지는 상황 도 있어요. 그럴 때 모아둔 돈이 없다면 빚을 내야 하겠죠? 큰 빚을 내야 할 경우 생활 형편이 궁색해질 수도 있습니다. 즉 저축은 우리 의 불확실한 미래를 대비하기 위한 첫걸음인 것이에요.

이야기를 하나 가정해 볼게요. 길동이는 초·중·고 시절 누구보다 열심히 공부했고, 소위 명문대에 합격했습니다. 심지어 대학에 들 어가서도 온갖 유혹 속에서 흔들리지 않고 오직 학업과 스펙 쌓기 에 열중했지요. 그 결과 길동이는 졸업 후 모두가 선망하는 대기업 에 당당히 취업했습니다.

또래에 비해 고액 연봉을 받게 된 길동이는 마치 그간의 노력을 보상받으려는 듯 소비의 달콤함에 빠져들었죠. 매달 받는 월급이 적지 않았음에도 좋은 차, 명품, 해외여행 등 물 쓰듯 돈을 쓰다 보 니 월급날이 돌아올 무렵이면 통장은 늘 텅텅 비기 일쑤였습니다.

보다 못한 가족들과 친구들이 걱정의 말을 건넸지만, 길동이는 아랑곳하지 않았습니다. "다음 달에도 월급은 또 나온다."며 큰소리 치면서 좀처럼 자신의 소비 패턴을 바꾸려 하지 않았죠. 과연 길동이의 삶은 미래에도 여전히 아름다울 수 있을까요? 그럴 수도 있지만, 장기적으로 볼 때 어두울 가능성이 더 높습니다. 이런 불나방 같은 삶은 불확실성에 전혀 대비할 수 없으니까요.

경제 상황의 변화에 따라 아무리 안정적인 기업이라도 위기를 맞을 수 있습니다. 구조조정 과정에서 정리해고를 당할 수도 있고, 아예 부도가 나서 회사가 문을 닫을 수도 있지요. 그런 경우가 아니라도 갑자기 큰 사고를 당하거나 중병에 걸려서 더 이상 회사에 다니지 못할 수도 있습니다.

현명하게 소비하고 알뜰하게 모으고 똑똑하게 투자하기

길동이의 이야기를 계속 이어가 볼까요? 어느덧 결혼해서 가정을 꾸린 길동이는 자녀까지 둔 어엿한 중년의 가장이 되었습니다. 이제는 주택담보대출, 자녀 교육비, 생활비 등 매달 꼬박꼬박 나가는 비용이 적지 않았지만, 길동이의 과소비는 여전했지요. 가족과 함께 소비생활을 마음껏 즐기다 보니 씀씀이의 규모가 혼자일 때보다 훨씬 더 커졌습니다.

그러던 어느날 길동이는 다니던 회사의 구조조정으로 인해 갑자기 퇴사하게 되었어요. 즉 더 이상 월급을 받지 못하는 상황에 놓인 것이에요. 엎친 데 덮친 격으로 식구 중 한 명이 위중한 병에 걸려서 수술과 재활치료비로 한꺼번에 예상치 못한 큰돈을 지출하게 됩니다. 퇴사하면서 적지 않은 위로금과 퇴직금을 받기는 했지만, 매달 빠져나가는 고정비용이 만만치 않다 보니 어느새 야금야금 줄어들고 있어요. 설상가상 재취업마저 번번이 실패하게 됩니다. 길동이는 삶의 위기에 대한 재정적 준비가 전혀 되어 있지 않다 보니 실직 상태가 장기화되면 분명 큰 어려움에 빠질 것입니다.

따라서 미리미리 계획을 세워 혹시 맞닥뜨릴지 모를 미래의 어려움에 탄력적으로 대비하는 것이 중요합니다. 가장 쉬우면서도 효과적인 방법이 바로 소득의 일부를 규칙적으로 저축하는 것이에요. 물론 저금리 시대에 오직 저축에만 의존할 순 없으니 투자도 병행해야 하죠. 저축과 투자는 모두 현재의 소비 대신 미래에 쓰려고 남겨 두는 것이므로 미래 소비라고 할 수 있겠습니다.

그런데 돈을 쓰는 것과 모으는 것은 어찌 보면 동전의 양면과 같아요. 돈을 덜 써야 더 많이 모을 수 있지만, 돈을 쓸 필요가 전혀 없다면 열심히 돈을 모아야 할 이유도 사라지는 셈이니까요. 즉 서로 결코 뗄 수 없는 관계이자, 또 반대 관계이기도 합니다. 일반적으로 소득(용돈)은 단기간에 크게 변동하지 않으며, 소득 중 지출하고 남은 부분을 저축할 때 다음과 같은 공식이 성립합니다.

'소득 = 소비(지출) + 저축'

따라서 소비를 많이 할수록 저축할 돈이 줄어들고 소비를 적게 하면 저축할 돈이 많아지는 것이죠. 다만 지출에는 비소비지출, 즉 소비생활과 무관한 고정지출도 반드시 고려해야 합니다.

도전, 티끌 모아 태산 ❶
소비패턴을 파악하자!

아직도 쥐꼬리만 한 내 용돈을 모으는 게 무슨 의미가 있겠냐고 생각하나요? 그렇다면 과거를 한번 돌이켜 봅시다. 부모님께 받는 용돈이 늘 모자란다고 투덜거리면서도 매일 천원, 이천 원 등의 잔돈은 헤프게 쓰고 있지 않나요? 이런 사소한 지출들을 일 년 단위로만 계산해 봐도 분명 적지 않은 돈이 될 것입니다.

더욱이 소비 습관은 하루아침에 만들어지지 않습니다. 작은 돈을 함부로 쓰다 보면 어느새 낭비에 점점 무더집니다. 결국 큰돈도 펑펑 쓰는 습관을 갖게 되기 쉽다는 얘기죠. 그러니 이번 기회에 슬기롭게 소비하고, 차곡차곡 저축하는 습관을 몸에 익히기로 해요. 자, 앞서 소개한 공식을 다시 가져와 볼게요.

'소득 = 소비(지출) + 저축'

소득은 한정되어 있으니 저축액을 늘려 여윳돈을 만들려면 당연히 소비를 줄여야 합니다. 그런데 자린고비처럼 무조건 한푼도 쓰지 않는 것은 불가능한 목표이기도 하지만, 현명한 소비생활도 아닙니다. 그보다는 꼭 필요한 지출인지 꼼꼼하게 따져 쓸 수 있는 가치 있는 소비생활에 주목해야 합니다. 즉 불필요한 소비로 돈이 새지 않도록 신경쓰는 것이 더 중요합니다.

첫 번째 단계는 바로 자신의 소비생활을 들여다보는 것입니다. 가계부나 용돈 기입장을 쓰는 것은 자신의 소비생활을 파악하는 데 실질적인 도움이 됩니다. 즉 지출 패턴을 파악할 수 있고, 매일 빠져나가는 액수를 직접적으로 확인하다 보면 아무래도 지출에 좀 더 민감해지고 경각심을 갖게 되니까요. 기록이 효과를 보려면 그저 하루 이틀 기입장을 쓰는 것으로는 무의미합니다. 최소한 몇 주 이상 꾸준히 지출 내역을 기록하는 것이 중요합니다. 어느 정도 기록이 쌓여야 비로소 자신의 지출 패턴을 확인할 수 있고, 그래야 불필요한 지출을 최소화할 수 있어요.

자, 지출 패턴을 확인했다면 다음 스텝을 밟아야겠죠? 바로 기입장에서 자신의 지출항목별 순위(금액순 또는 횟수순)를 살펴보는 것이에요. 그중에서 반드시 지출이 필요한 항목 순으로 순위를 매겨 보세요. 가장 순위가 떨어지는 항목의 지출부터 차근차근 줄여 나가는 거죠. 그러고 나면 앞으로의 지출 계획을 세워야 합니다. 이때 중요한 것이 있습니다. 예컨대 다음과 같은 목표를 세웠다면 당장 수정이 필요합니다.

앞으로 나는 짠돌이로 살 테야. 무조건 절약 또 절약하자!

자신의 소비 성향을 파악하지 않은 채, 그냥 무작정 안 쓰겠다는 식의 모호한 계획만 세운다면 며칠 못가 작은 소비의 유혹에도 쉽게 흔들리고 말죠. 따라서 실천 가능한 현실적인 계획을 아주 구체적으로 세우는 것이 무엇보다 중요합니다. 합리적 재무 의사결정력을 키워 똑똑하게 소비하는 방법에 관해서는 바로 다음 장에서 조금 더 구체적으로 살펴볼 예정입니다.

도전, 티끌 모아 태산 ❷
통장을 쪼개라!

　자, 자신의 지출 패턴을 파악하여 불필요한 소비를 줄였나요? 조금 시간이 흐르면 분명 얼마간 작은 여윳돈이 모일 거예요. 그렇다면 이제 본격적으로 저축을 해봅시다. 그런데 돈을 한곳, 예컨대 자주 쓰는 체크카드와 연계된 통장 하나에 다 넣어 두는 것은 별로 추천할 만한 방식이 아닙니다. 체크카드만 몇 번 긁어도 어느새 우수수 빠져나갈 테니까요. 현명하게 통장을 관리하는 간단한 방법이 있는데, 바로 **통장 쪼개기**입니다.

　통장 쪼개기란 용도에 따라 다양한 통장을 만들어 활용하는 것입니다. 예컨대 월급을 받는 직장인이라면 월급 통장, 생활비 통장, 비상금 통장, 저축 통장 등으로 분리하는 식이죠. 용돈을 받고 있다면 월급 통장 대신 용돈 통장이 되겠네요. 월급(용돈) 통장에는 일정한 돈이 정기적으로 들어오겠죠? 돈이 들어오면 가장 먼저 계획한 금액만큼 꼬박꼬박 저축 통장으로 옮겨놓습니다. 단, 넣기만 하는 것으로는 부족해요. 저축 통장에 넣어 둔 돈은 목표금액을 채울 때까지는 절대 꺼내지 않아야 해요. 다음으로 앞서 파악한 지출 패턴을 통해 생활비로 빠져나갈 비용만큼 생활비 통장으로 옮겨놓습니다. 또 불확실성에 대비해 아주 소액일지라도 목표를 정해 비상금 통장으로 옮겨놓는 식이지요. 이처럼 통장 쪼개기는 효율적으로 자금을 분배하여 돈이 쓸데없이 새어 나가는 것을 막아줍니다. 수입과 지출, 저축 등을 잘 관리할 수 있는 좋은 방법이지요.

특히 은행에는 다양한 저축 상품이 있으므로 잘 따져보면 좋습니다. 생각보다 상품이 다양하고 금리도 제각각이니까요. 은행이 파산하지 않는 한 원금과 이자를 보장받는 저축은 가장 안전한 금융상품입니다. 설사 은행이 파산한다고 해도 '예금자보호법'이라는 제도적 장치가 마련되어 있기 때문에 예금자들은 원금과 예금보험공사가 정하는 소정의 이자를 포함하여 은행당 최고 5천만 원(1억 원으로 상향 예정)까지 보장받을 수 있어요. 물론 예금이 보호되지 않는 금융회사의 금융상품도 있으므로, 저축상품을 선택할 때는 예금자 보호 여부를 꼼꼼히 확인해야 합니다.

저축상품에 따라 입출금하는 방법이나 이자를 계산하는 방법 등이 서로 다르므로 상품 선택에 따라 저축의 결과도 달라질 수 있습니다. 그러니까 저축상품의 종류와 그 특징을 이해하고, 이자 계산 방법의 차이에 따라 어떤 효과를 얻게 되는지를 잘 알고 있으면 저축의 효과를 좀 더 높일 수 있을 거예요.

다양한 저축 상품을 알아보자

이번에는 저축의 종류에 대해서 좀 알아볼게요. 은행 예금이란 일정 기간을 정해놓고 자신의 돈을 은행에 맡기는 것을 말합니다. 예금하는 방법에 따라 보통예금, 정기예금 등으로 나뉘어요. 보통예금은 예입과 인출을 아무 때건 자유롭게 할 수 있는 방식의 예금이죠. 한편 정기예금은 일정 금액을 한 번에 은행에 맡겨놓고, 약정 기간 동안 찾지 않겠다는 약속을 전제로 하는 예금이에요. 만기일에 정해진 이자수익을 얻는 형태이므로 중도 해지하게 되면 정해진 약관에 따라 차이가 있지만, 대체로 큰 이자금액 손해를 감수해야 합니다.

적금은 매월 일정한 금액을 꾸준히 낸 뒤 만기에 원금과 이자를 받는 것으로 예금과 달리 원금에 해당하는 돈을 모으기 위해 매달 일정 금액을 납입하는 것입니다. 그렇기 때문에 매달 내는 납입액의 합계가 만기시점 기준 정기예금과 같은 금액이라 하더라도 납입 기간 동안 평균잔액이 정기예금의 1/2밖에 되지 않기 때문에 동일한 이자율이 적용된다고 가정할 때, 동일 만기의 적금은 정기예금 이자의 반만 받게 되는 특징이 있습니다. 오른쪽(155쪽) 표에 주요 예금 상품의 종류와 특징을 간략히 정리해 두었습니다. 표를 참고해서 다양한 저축 상품의 특징을 파악한 후 저축 목표, 자금이 필요한 시기 등을 고려하여 선택하면 됩니다.

다음으로 예금이나 적금에 적용되는 이자에 대해서 알아봅니다.

일반적으로 사람들은 저축 상품을 결정할 때, 당연히 안전하면서도 이자율이 조금이라도 높은 것을 가입하고자 합니다. 대개 만기까지의 기간이 긴 정기적금이나 정기예금이 수시로 입출금이 가능한 보통예금보다 이자율이 높습니다. 예컨대 같은 정기예금이라도 1년 만기 상품보다는 3년 만기 상품의 이자율이 높은 식이죠.

저축상품을 선택할 때는 개별 상품의 특성을 고려하는 것도 중요하지만, 경제 상황도 함께 고려해야 합니다. 예컨대 시중금리가 계속 내리는 추세라면 높은 이자율을 보장한 정기예금을 장기로 가입하는 것이 좋겠죠? 반대로 시중금리가 오르는 추세일 경우에는 1년 짜리 정기예금을 들었다가 만기 후 더 높은 이자율의 정기예금으로

예금의 종류와 특징

종류	개요 및 특징
정기예금	목돈을 일정 기간 은행에 넣어두고 만기일에 약속된 이자와 원금을 함께 돌려받는 예금
정기적금	목돈을 마련하기 위해 일정한 금액을 정기적으로 입금하고 만기가 되면 원금과 이자를 합하여 돌려받는 상품
수시 입출 금식 예금	입출금을 자유롭게 할 수 있는 예금으로 언제든지 돈을 넣고 빼낼 수 있는 편리함이 있는 대신 이자율이 매우 낮아서 입출금이 잦은 자금을 일시적으로 보관하기 좋음
주택청약 종합저축	저축과 주택청약을 동시에 준비할 수 있는 상품으로 매월 분할 납부 및 일시 예치가 가능

바꾸어 가입하는 것이 더 나을 수도 있습니다. 그러므로 저축상품을 가입하기 전에 여러 가지 시나리오를 미리 검토해 보고 합리적인 결정을 내리는 능력이 필요합니다.

참, 이자율 관련해서 꼭 기억할 부분이 있어요. 바로 금리 계산이

잠깐만!

단리와 복리로 이자를 계산해 보자!

단리와 복리 계산을 간단한 수식으로 표현해 보면 아래와 같은데 간단한 산수니까 그냥 넘어가지 말고 한번 들여다보세요.

> ▷ 단리: $S = A(1 + m)$
> ▷ 복리: $S = A(1 + r)^n$
>
> (S: 원리금 합계, A: 원금, r: 이자율, n: 기간)

공식만 보니 어렵게 느껴지나요? 이해하기 쉽게 예를 들어봅시다. 만약 갑돌이가 100만 원(원금)을 연 10%(계산하기 쉽게 가정한 이자율임)의 이자율로 3년간 은행에 예금했다고 가정할게요.

먼저 단리일 때 3년 후 얼마를 받게 될지 위의 공식에 대입해서 계산해 보면 다음과 같습니다.

> 1,000,000원 × (1 + 0.1 × 3) = 1,300,000원

단리식인지 복리식인지 따져보는 거죠(계산 방법은 아래 글상자 참
조). 왜냐하면 단리식은 원금에만 이자가 적용되고, 복리식은 원금
과 이자에 모두 이자가 적용되므로 기간이 길어질수록 이자의 금액
에서 큰 차이가 나기 때문이에요.

어때요? 실제 금액을 넣어 계산해 보니 어렵지 않죠? 그러면 이번에는 복리로 다시
계산해 볼까요? 역시 공식에 대입하면 다음과 같이 정리할 수 있어요.

$$1,000,000원 \times (1 + 0.1)^3 = 1,331,000원$$

만약 수식의 N승 계산이 어렵다면 다음과 같이 계산해도 됩니다.

1년 뒤: $1,000,000 \times (1 + 0.1) = 1,100,000원$
2년 뒤: $1,100,000 \times (1 + 0.1) = 1,210,000원$
3년 뒤: $1,210,000 \times (1 + 0.1) = 1,331,000원$

아래에 정리한 것처럼 단리와 복리는 기간이 길어질수록 차이가 커집니다. 따라서 금
융상품에 투자할 때는 이자 조건을 잘 확인해야 하겠죠?

	단리		복리	
1년 뒤	100	10	100	10
2년 뒤	100	10	110	11
3년 뒤	100	10	121	12.1

Q 드라마에서 보면 이자를 갚으라며 행패를 부리는 악덕 사채업자가 나와요. 돈을 빌렸으니까 억울해도 그런 엄청난 이자를 갚아야 하는 건가요?

A 미등록대부업자의 금전대차에 관한 계약상의 최고 이자율은 연 20%를 초과할 수 없습니다.

살다 보면 절박하게 돈이 필요한 순간이 있을지 모릅니다. 가까운 누군가가 대가 없이 빌려줄 수도 있겠지만, 대체로 빌린 돈에 대한 이자를 지불해야 하죠. 이자란 돈을 일정 기간 빌려준 것에 대한 대가인 것이에요.

그런데 주변에 돈을 빌릴 만한 마땅한 사람도 없고, 신용 문제로 인해 은행권에서 대출도 받을 수도 없는 상황이라면 높은 이자를 감수하고 대부업자를 통해 사채를 쓰기도 합니다. 세간에는 원금의 수십 아니 수백 퍼센트에 이르는 높은 이자로 대출과 추심을 일삼는 사람들이 있는데, 모두 불법이죠. '이자제한법'에 따르면 다음과 같이 최고이자율을 정합니다.

이자제한법 제2조(이자의 최고한도)
① 금전대차에 관한 계약상의 최고이자율은 연 25퍼센트를 초과하지 아니하는 범위 안에서 대통령령으로 정한다.

이자제한법 제2조제1항의 최고이자율에 관한 규정

「이자제한법」 제2조제1항에 따른 금전대차에 관한 계약상의 최고이자율은

연 20퍼센트로 한다.

법정 최고 이자율을 넘어서는 이자의 약정은 아무리 계약서를 작성했다고 해도 모두 무효로 간주합니다. 다만 세상 모든 대부업자가 불법사채업자라고 오해하는 사람들이 생각보다 많은데, 그것 또한 오해임을 짚고자 합니다. 부득이하게 대부업자에게 돈을 빌려야 할 때는 반드시 금융감독원홈페이지나 대부금융협회홈페이지를 확인하여 불법사금융업자가 아닌지 잘 걸러내는 것이 중요해요. 만약 법정 최고금리 이상의 이자를 요구한다면 불법사채업자라고 할 수 있겠죠? 정상적으로 등록된 대부업자들은 연 20%를 초과하는 이자를 요구하지 않으니까요.

 **더 알아보기**

이자율은 어떻게 결정될까?

이자율도 다른 상품의 가격과 마찬가지로 시장에서 돈의 수요와 공급에 의해 결정된다. 즉 희소성에 좌우되는 것이다. 시중에 돈의 공급이 증가하면 이자율은 떨어지고 돈의 공급이 감소하면 이자율은 올라간다.

합리적으로 선택하고,
믿음을 쌓아가요

재무적인 의사결정 능력을 길러 건전한 금융생활을 이어가려면 일단 합리적인 소비가 매우 중요합니다. "밑빠진 독에 물 붓기"라는 속담도 있지만, 흥청망청 쓰다 보면 아무리 돈이 많은 자산가도 재정에 구멍이 뚫릴 수 있습니다. 예컨대 천문학적인 출연료를 자랑하는 할리우드 배우 중에도 과도한 사치로 인해 인기가 사그라진 상황에서 파산 지경에 이르기도 합니다. 또 거액의 복권 당첨자 중에도 수년 만에 재산을 허무하게 탕진하기도 하지요. 무엇보다 소비생활은 한번 몸에 배면 쉽게 바뀌지 않기 때문에 어릴 때부터 합리적인 선택을 하는 소비 습관을 들인다면 어른이 되어서도 불필요한 낭비로 후회하는 일은 없을 것이에요! 나아가 요즘은 현금보다 신용카드로 소비생활을 즐기는 만큼 신용에 관한 이야기도 이 장에서 함께 이야기해 보려고 합니다.

소비와 신용

#희소성 #기회비용

01

합리적 선택이란 무엇일까요?

소비의 유혹, 감당할 수 있습니까?

여러분의 일주일을 한번 돌아보세요. 크건 작건 아마 거의 매일 뭔가를 소비했을 것이에요. 예컨대 친구들과 함께 마라탕도 먹고, 떡볶이도 먹고, 햄버거 같은 패스트푸드도 사 먹어요. 아무리 배가 불러도 아이스크림, 버블티 등 디저트도 빼놓을 수 없겠죠? 또 다이ㅇ, 올리브ㅇ 같은 곳에서도 이것저것 구경하다가 자질구레한 것들을 소비하게 될 때도 있겠군요.

또 한 군데를 꼽자면 아마 하루에 몇 번씩은 들락날락하는 편의

점이 아닐까요? 특히 편의점에서 '1+1' 상품을 볼 때면 전혀 살 마음이 없었다가도, 갑자기 흔들립니다. 예컨대 우유를 마실 마음이 전혀 없었는데, 바나나우유가 '1+1'이면 사는 것이 이득일 것 같아서 무심코 지갑을 열게 되지요. 1개 값에 2개를 얻는 거고, 또 친구랑 나눠 먹을 수도 있으니까요. 하지만 엄밀히 따지면 굳이 마시고 싶지도 않았던 우유를 사느라고 계획에 없던 돈을 쓰게 되는 셈이에요. 아마 1+1 말고도 충동에 사로잡혀 계획에 전혀 없던 물건을 사는 데 돈을 쓴 적이 있을 것이에요. 살 때는 분명 이익이라고 생각했겠지만, 돌아보면 대체로 불필요한 지출일 때가 더 많지요.

거듭 강조하지만, 소비 습관은 하루아침에 몸에 배지 않습니다. 꼭 필요한지를 포함해서 여러 가지 조건을 꼼꼼하게 따지는 계획적인 소비 습관을 기르는 것이 중요하죠. 그런데 살다 보면 1+1에 낚이기도 하고, 때때로 감성적인 구매를 할 때도 있습니다. 충동구매도 그중 하나입니다. 이윤을 추구하는 기업의 입장에서는 소비 욕구를 최대한 자극하려고 합니다. 그래서 전략적으로 소비자들의 감성을 건드려서 소비를 유도하기 위한 다양한 마케팅 전략을 고민하며, 때론 엄청난 돈을 지불해서라도 영향력 있는 슈퍼스타를 모델로 쓰기도 하는 거죠.

지혜로운 소비자가 되기 위해서는 더욱 정신을 똑바로 차려야 합니다. 일상 곳곳에 소비자를 유혹하는 온갖 종류의 덫이 놓여 있는 셈이니까요. 눈길, 발길 닿는 모든 곳에 말입니다. 이런 세상에서 유혹에 휘둘리지 않고 살아가는 게 솔직히 쉽지는 않습니다.

나의 소비 습관 체크리스트

　경제가 불황에 빠질수록 사람들은 작은 소비생활에서 소소한 행복을 얻는 경우도 많습니다. 대체로 별로 필요하지 않은 것들이지만, 우리는 "나를 위한 작은 선물" 등으로 의미를 부여하며 합리화합니다. 소비자의 이런 심리를 기업도 놓칠 리 없죠.

　물론 정말 어쩌다 한 번, 작은 소비로 인해 마음의 위로와 함께 충만한 행복을 얻었다면 당사자에게 가치 없는 소비라고 싸잡아 단정지을 순 없을 것입니다. 하지만 이런 소비가 주기적으로 반복되고, 심지어 주기가 점점 짧아지며 빈번해진다면 분명 문제입니다. 그렇다면 어떻게 소비해야 하는 걸까요? 먼저 자신의 소비 습관을 되돌아볼 필요가 있습니다.

　자, 오른쪽 페이지에 여러분의 소비 습관을 점검해 볼 수 있는 체크리스트를 준비해 보았습니다. 체크리스트에 열거된 20개의 질문을 읽고, 각각의 내용에 대해 얼마나 동의하는지 그 정도에 따라 점수를 매겨 보세요. 매우 그렇다고 생각되면 5점이고, 전혀 그렇지 않다고 생각되면 0점이에요. 만약 중간 정도라면 0~5점 사이의 점수를 매깁니다. '그렇다'에 가까울수록 5점에 가깝게, '아니다'에 가까울수록 0에 가깝게 점수를 주면 되겠죠?

　각각의 질문에 대한 점수를 다 매겼나요? 그럼 이제 모든 점수를 더해 보세요. 100점 만점 중에 여러분의 점수는 몇 점인가요? 점수가 낮을수록 절약이 몸에 배었다는 뜻입니다. 다만 0에 가까울 만

소비 습관 점검 체크리스트

1	나는 용돈 사용에 대한 계획을 세운 적이 없다.	(	점)
2	나는 1+1 제품을 보면 무조건 사고 싶어진다.	(	점)
3	나는 마음에 드는 것이 있으면 꼭 사야 한다.	(	점)
4	나는 군것질을 좋아한다.	(	점)
5	나는 한정판 상품(신발, 굿즈, 띠부띠부실, CD 등)을 산 적이 있다.	(	점)
6	나는 용돈이 부족할 때마다 부모님에게 더 달라고 조른다.	(	점)
7	나는 친구에게 밥이나 커피를 잘 산다.	(	점)
8	나는 스마트폰을 1년에 한 번은 바꿔야 한다.	(	점)
9	나는 용돈 중 20%는 저축을 하고 있다.	(	점)
10	나는 필요하지 않은 옷을 자주 구입한다.	(	점)
11	나는 용돈을 받자마자 다 써 버린다.	(	점)
12	나는 이웃에게 기부를 한 적이 없다.	(	점)
13	나는 음식을 편식하지 않고 골고루 먹는다.	(	점)
14	나는 영화관에서 영화 보는 걸 좋아한다.	(	점)
15	나는 무인 편의점이 있으면 꼭 들린다.	(	점)
16	나는 스트레스를 받으면 무언가 소비한다.	(	점)
17	안 쓰는 물건은 버린다.	(	점)
18	나는 쇼핑하는 걸 좋아한다.	(	점)
19	나는 대리입금 사이트를 이용한 적이 있다.	(	점)
20	나는 친구가 산 물건을 따라 산 적이 있다.	(	점)
		합계 (	점)

큼 너무 낮은 점수라면 혹시 꼭 필요한 곳조차 지출을 꺼리며 소비를 억누르고 있는 것은 아닌지 돌아보면 좋겠습니다. 반대로 점수가 100점에 가까울수록 낭비가 몸에 배었다는 뜻이므로, 당장 소비 습관의 개선이 필요합니다. 어떻게 지혜로운 소비자가 될 것인지 지금부터 함께 살펴볼까요?

희소성과 합리적 선택에 관하여

여러분 혹시 '화수분'이라는 말의 뜻을 아나요? 모른다면 아래의 말을 읽고 뜻을 한번 짐작해 보세요.

> "요즘 민철이가 전과 달리 흥청망청 돈을 써대는데, 갑자기 어디서 '화수분'이라도 얻은 것 아니야?"

예문에서 짐작할 수 있는 것처럼 화수분이란 재물이 계속 나오는 보물단지를 말해요. 설화 속에 등장하는 이 단지는 그 안에 뭔가를 넣어두면 새끼를 치듯 계속 늘어나서 써도 써도 좀처럼 사라지지 않는 요술을 부리지요.

우리에게도 화수분 같은 요술 항아리가 있다면 좋겠지만, 안타깝게도 평범한 사람들 대다수는 정해진 돈 안에서 생활합니다. 흥청망청하기는커녕 조금만 방심해도 금세 바닥나기 십상이지요. 여러분도 만약 용돈을 받자마자 다 써버려서 부모님께 용돈을 또 달라고 하면 부모님께 잔소리를 듣거나, 돈 무서운 줄 모른다며 혼쭐이 날지도 모르죠. 그래서 소비할 때는 '선택'이 중요합니다. 비단 소비뿐만 아니라 경제생활에서 선택은 불가분의 관계입니다. 사실 우리의 인생 자체가 선택의 연속이지요. 그렇다면 선택의 문제가 발생하는 원인은 무엇일까요? 바로 **희소성** 때문입니다.

경제학에서 희소성은 "인간의 욕망에 비해 돈과 자원이 한정되어 있음"을 말합니다. 자, 여기 할머니께 용돈 10만 원을 받고 고민에 빠진 길순이가 있어요. 길순이는 최애 아이돌의 포토카드가 담긴 CD도 사고 싶고, 친구들과 피자도 먹고 싶고, 새로 나온 백팩도 사고 싶습니다. 하지만 10만 원으로는 다 가질 순 없으니 선택이 필요해요. 즉 가진 돈 안에서 합리적인 선택을 해야 합니다. 욕망은 끝이 없지만 돈과 자원은 그렇지 못한, 즉 '희소성'을 갖기 때문이죠.

길순이뿐만 아니라 우리도 늘 선택의 순간을 맞이하게 됩니다. 그렇다면 어떤 선택이 **합리적 선택**일까요? 최종적인 선택의 결과는 사람마다 다르겠지만, 자신이 가지고 있는 자원을 가능하면 적게 이용하면서 최대의 편익[1]을 얻을 수 있는 선택, 즉 후회 없는 선택이라면 합리적 선택이라고 말할 수 있겠죠? 어떤 선택을 하든 하나를 선택할 때 뭔가는 포기해야 합니다. 잘못된 선택을 하면 손해를 볼 수도 있기 때문에 올바른 선택을 위해서는 고민이 필요하죠. 지금부터 합리적 선택을 위한 방법을 알아볼까요?

....
1. 경제적 선택을 통해 얻게 되는 이득

#합리적_선택이란_무엇일까?

합리적 선택인지 아닌지는 어떻게 판단하지?

합리적 선택을 위해서는 비용을 정확히 계산해야 합니다. 가장 적은 비용을 들여 가장 큰 이득을 거두었을 때, 가장 좋은 선택을 했다고 말하죠. 이때 자주 언급되는 개념이 '기회비용'입니다. 여기서 기회비용이란 "어떤 하나를 선택하면서 다른 것을 할 수 없게 되었을 때, 할 수 없게 된 것의 가치"를 뜻합니다.

기회비용 = 명시적 비용 + 암묵적 비용

경제학에서 한정된 자원과 기회비용은 중요한 개념입니다. 기회비용은 한 가지 선택을 결정함에 따라 포기해야 하는 다른 선택의 가치를 나타냅니다. 예를 들어, A, B, C 세 가지의 선택 혹은 대안이 있는 경우, 한정된 자원을 이용하여 A라는 선택을 했다면 포기해야 하는 나머지 B와 C 중에서 더 큰 만족을 줄 수 있는 대안의 가치를 기회비용이라고 합니다.

이처럼 기회비용은 선택하지 않은 대안 중 최선책에 대한 비용과 선택에 따라 발생한 비용의 합계를 의미합니다. 경제학으로 설명하자면 A라는 선택을 하면서 소모된 비용을 **명시적 비용(회계적 비용)**으로, A라는 선택을 함으로써 포기된 잠재적인 비용을 **암묵적 비용**이라고 합니다. 그러므로 '기회비용'은 명시적 비용과 암묵적 비용의 합이지요. 경제학 개념으로 접근하니까 너무 어렵게 느껴지지요?

좀 더 일상적인 사례로 기회비용의 개념에 접근해 봅시다.

길동이는 꼭 가지고 싶은 물건[2]을 혼자 힘으로 사기 위해 주말마다 시간당 10,000원(단 2025년 1월부터 최저시급은 10,030원이다)을 받으며 4시간씩 아르바이트를 하고 있습니다. 그런데 친구가 이번 주말에 같이 영화를 보자고 해요. 길동이가 친구와 영화를 보려면 주말 아르바이트를 쉬어야 합니다. 만약 길동이가 친구와 영화를 보기로 결심했다면 치러야 할 기회비용은 과연 얼마일까요?

먼저 명시적 비용부터 계산해 봅시다. 요즘 주말(금요일~일요일) 기준 청소년 영화 값은 12,000원이에요. 관람하면서 먹을 팝콘과 주스의 값은 약 10,000원이라고 합시다. 교통비를 빼더라도 최소 22,000원을 쓰게 됩니다. 즉 명시적 비용은 22,000원이에요. 다음으로 암묵적 비용을 계산해 봐요. 아르바이트 시급이 10,000원씩 4시간이니까 일을 빠지면 40,000원을 포기해야 하겠군요. 그러니 암묵적 비용은 4만 원이에요. 그러니 기회비용을 계산하면 62,000입니다. 그런데 과연 그걸로 끝일까요?

만약 이번 주말 알바를 쉬겠다고 했더니, 사장님이 다른 알바생을 고용하겠다며 길동이에게 이제 나올 필요가 없다고 한다면 암묵적 비용은 더 늘어날 수 있겠죠? 그렇게 되면 친구와 영화를 보는 선택을 위해 감당해야 할 기회비용은 더 늘어납니다.[3] 여러분이 길동이라면 어떤 선택을 하겠습니까? 어떤 선택이 합리적 선택일까요?

....
2. 개인에 따라 원하는 물건이 다양할 것 같아서 여기서는 물건을 특정하지 않았다.
3. 기회비용에 관해서는 바로 이어지는 이야기에서 좀 더 자세히 살펴볼 것이다.

또 다른 예로 살펴볼까요? 나에게 1만 원이 있을 때의 합리적 선택을 생각해 봐요. 이 돈으로 김밥을 사 먹을 수도 있고, 저축할 수도 있고, 기부를 할 수도, 다이소에서 쇼핑할 수도, 만화책을 한 권 살 수도 있습니다. 사실 열거한 선택지 가운데 정답은 없습니다. 왜냐하면 인간은 매우 복잡한 존재라서 돈 얼마로는 도무지 따질 수 없는 가치도 있거든요.

조금 전 예로 들었던 길동이의 사례에서도 같이 영화를 보자고 했던 '친구'가 만약 길동이가 오랜 시간 짝사랑했던 대상이라면 어떻게 될까요? 그 친구와 영화를 같이 볼 수 있다면 알바는 다시 구하면 되고, 갖고 싶은 물건을 조금 늦춰서 사도 상관없다고 충분히 판단할 수 있지 않을까요? 이처럼 모든 선택에는 기회비용과 편익이 동시에 존재합니다. 이때 경제학 개념으로는 선택에 따른 편익이 기회비용보다 클 때, **합리적 선택**이라고 말합니다.[4]

사람마다 선택이 달라지는 이유는?

하나 더 생각해 볼 게 있습니다. 그건 모든 사람이 희소성의 지배를 받고 있음에도 불구하고, 선택은 획일적이지 않다는 점이에요. 이처럼 저마다 선택이 조금씩 달라지는 이유는 무엇일까요? 그것이 바로 개인차, 즉 사람마다 욕망과 필요로 하는

4. 김진영 외, 《중학생을 위한 한국은행의 알기 쉬운 경제이야기》, 한국은행, 2005. 참조 재구성

것이 서로 달라 희소성이 다르게 작용하기 때문입니다. 예컨대 100만 원이 생겼을 때, 누군가는 스마트폰을 바꾸고 싶지만, 누군가는 쇼핑몰 장바구니에 오랫동안 보관만 해둔 예쁜 가방을 사고 싶을지도 모릅니다. 누군가는 훌쩍 여행을 떠나고 싶고, 또 누군가는 차라리 한 달 동안 먹고 싶은 것을 마음껏 사 먹는 데 쓰고 싶을지도 몰라요. 이처럼 사람마다 서로 다른 욕구를 가지고 있기 때문에 희소성은 상대적이고, 그에 따른 선택의 기회비용 또한 다르게 나타날 수 있는 것이에요.

그렇기 때문에 우리는 저마다 합리적 선택을 하기 위해 여러 가지를 고민합니다. 조금 전 사례의 길동이도 분명 자신이 가진 용돈으로 가장 큰 만족감을 얻기 위해 고민하고 판단했을 것입니다. 그리고 그렇게 선택한 소비 결과에 얼마나 만족했는지는 길동이만이 알 수 있겠죠? 각각의 가격 비교는 물론 그것을 선택함으로써 드는 온갖 감정 등을 두루 고려한 것이 진정한 자기 만족감이니까요. 분명 하나를 선택함으로써 포기한 것도 있으므로 아쉬움도 있었을 것입니다. 그러니까 결과적으로 아쉬움보다 만족감이 더 컸다면 그래도 합리적인 소비라고 할 수 있겠죠?

분명한 건 현명한 소비는 **합리적 선택**에 기반한 계획적인 소비에서 시작된다는 점이에요. 충동적인 선택에 따른 소비가 계속된다면 결국 남는 건 텅 빈 지갑과 밀려오는 후회뿐일 것입니다. 지금부터 내가 가진 용돈 안에서 후회 없는 합리적 선택을 위해 노력해 보는 건 어떨까요?

현명한 소비를 위한 방법

현명한 소비를 위해서는 몇 가지 원칙을 정해두자. 예컨대 다음과 같은 원칙을 세워 보면 어떨까?

- **우선순위 정하기**: 사고 싶은 물건이나 서비스 중 나에게 가장 필요하거나 내가 가장 원하는 것을 차례대로 적어보자. 그 후 나의 예산(용돈, 저축)으로 어떤 것부터 살 것인지 결정하는 것이다. 예를 들어 옷, 신발, 가방, 책 등을 사고 싶다면 옷과 신발은 계절에 따라 필요할 수 있으므로 우선적으로 사고, 가방과 책은 나중에 사거나 다른 방법으로 대체할 수 있는지 고민해 보자.

- **할인이나 쿠폰 이용하기**: 온라인 쇼핑몰이나 앱에서는 자주 할인 이벤트를 진행하거나 쿠폰을 제공한다. 이때 가격 비교를 해보고 할인이나 쿠폰을 최대한 활용하여 구매하자. 이때 적립 혜택을 받을 수 있는 경우도 있으니, 이용 가능한 방법을 찾아보자.

- **중고거래나 교환하기**: 사고 싶은 물건이 꼭 새것이 아니어도 된다면 중고거래나 교환을 통해 저렴하게 구할 수 있다. 중고거래 플랫폼이나 커뮤니티에 원하는 물건을 검색한 다음, 물건의 상태가 좋다면 합리적인 가격으로 살 수 있다. 반대로 나에게 필요 없거나 사용하지 않는 물건은 판매하거나 교환하는 방법도 있다. 단, 중고거래나 교환할 때는 사기에 주의해야 한다.

- **저축하거나 아르바이트 찾기**: 사고 싶은 물건이나 서비스가 나의 예산으로 살 수 없다면 돈을 모아야 한다. 이때 필요 없는 지출은 줄이고, 저금통이나 예금 등으로 저축하는 방법이 있다. 또 다른 방법으로는 아르바이트하며 돈을 모을 수 있다.

Q 한정판 운동화를 너무너무 갖고 싶은데 왜 이렇게 비싸고 사기도 힘들죠?

남들은 없고 나만 있는 특별한 걸 갖고 싶어 하는 것이 인간의 마음입니다. **A**

여러분, 수요에 비해 공급이 부족하면 희소성의 가치가 높아지겠지요? '한정판'이나 '리미티드 에디션(Limited Edition)'이라는 것들도 희소성 마케팅의 한 종류입니다. 예를 들어, 스타벅스 굿즈, 나이키 한정판 운동화, 한정판 앨범 등이 있습니다.

한정판이라고 하면 지금이 아니면 평생 가질 수 없다는 생각에 초조해집니다. 게다가 선착순으로 물건을 구매해야 할 때는 긴 시간 기다려서 사야 합니다. 그럼에도 불구하고 한정판을 가지고 싶은 이유는 남들은 없고 나만 있는 특별한 걸 소유하고 싶은 마음 때문입니다.

개인 간 중고거래가 활발해진 요즘은 한정판으로 산 물건을 높은 가격으로 되팔기도 합니다. 이것을 '리셀'이라고 부르죠. 그래서인지 한정판은 리셀 시장의 규모를 점점 키우고 있습니다. 아예 재테크 목적으로 한정판을 구입하는 사람들도 있을 정도니까요.

한정판 상품을 사려고 새벽부터 길게 줄을 선 사람들을 보면 어떤 생각이 드나요? 분명 내가 좋아하는 것을 위해서는 시간과 돈을 투자하는 게 아깝지 않겠지만, 한 번쯤은 현명한 소비에 대해 곰곰 생각해 보는 것도 좋지 않을까요?

 **더 알아보기**

동조 소비

동조 소비란 자기 의사와는 상관없이 남이 소비하는 것을 따라하는 것을 말하는데, 청소년기에 많이 나타난다. 왜냐하면 청소년기에는 아직 자아 개념이 명확하지 않고, 친구들과 서로 영향을 주고받으며 생활하기 때문에 동조 소비의 경향이 더 강하게 나타날 수 있다. 특히 청소년들은 자신이 좋아하는 연예인이 입은 옷이나 운동화를 보면 사고 싶어 한다. 이 심리를 이용해 많은 기업들은 광고를 통해 소비를 부추긴다. 그럴수록 지갑을 열기 전, 나에게 꼭 필요한 것인지, 단지 또래 집단에서 뒤처지고 싶지 않아서 사는 것은 아닌지 곰곰이 생각해 보자.

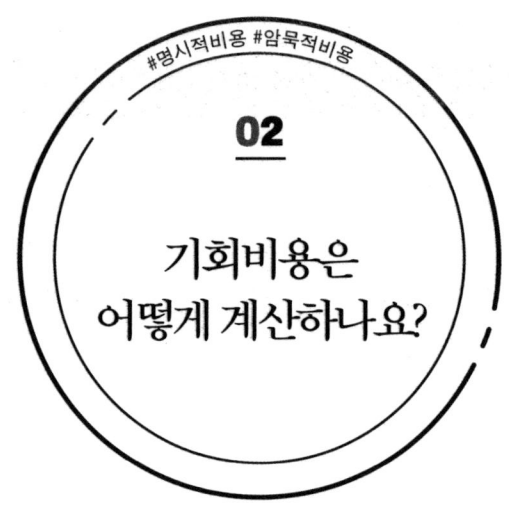

02

기회비용은
어떻게 계산하나요?

단지 돈으로만 따질 수 없는 기회비용

우리는 이미 앞에서 길동이의 사례로 기회비용을 계산해 보았어요. 세상의 거의 모든 선택에는 기회비용이 따르기 때문에 이를 고려한다면 좀 더 슬기로운 소비 습관을 기를 수 있습니다.

길동이의 이야기에서 암묵적 비용은 상황에 따라 증가할 수 있고, 이에 따라 기회비용도 증가한다고 했었죠? 예컨대 주말에 알바를 쉬겠다고 했다가 사장님이 다른 알바를 구하겠다고 하면서 길동이를 해고한다면 치러야 할 암묵적 비용이 늘어나며 기회비용도 함께 증가하게 되는 식이에요. 조금 더 자세히 알아볼까요?

신고전학파 경제학자들은 인간은 이기적이며, 합리적인 선택을 하는 존재로 가정합니다. 무슨 뜻이냐 하면 어차피 인간은 본능적으로 편익과 비용을 따져서 순편익이 가장 큰 선택, 즉 합리적인 선택을 한다는 뜻이에요. 과연 실제로도 그럴까요? 물론 그럴 때가 많지만, 우리는 현실적으로 어떤 선택의 문제에 부딪혔을 때 나 자신에게는 약간 손해가 될 수 있는 이타적인 선택을 하고도 꽤 만족스러워할 때도 많지요. 그럼 이건 합리적인 선택일까요, 아닐까요?

그렇다면 합리적 선택이란 무엇일까요? 이때의 선택은 기회비용을 올바로 계산하여 선택하는 것을 의미합니다. 기회비용은 나의 선택에 따라 이득과 손해를 계산하게 되는데, 앞에서도 설명했던 것처럼 기회비용은 명시적 비용과 암묵적 비용의 합으로 구합니다. 하지만 오직 '돈'으로 계산할 수 있는 것만 기회비용이 되는 것은 아니기 때문에 때론 '돈'으로 조금 손해를 보더라도 합리적인 선택이라고 할 수도 있는 것이에요.

여기서 우리는 '비용'에 주목해서 생각해야 합니다. **명시적 비용**은 앞에서 예로 들었던 길동이의 사례에서처럼 영화값, 팝콘값 등 지갑이나 통장에서 빠져나가는 것이 눈에 확실히 보이는 지출이기 때문에 '명시적'이라고 표현합니다. 이에 반해 **암묵적 비용**은 눈에 보이지는 않지만 내가 하나의 대안을 정함으로써 놓치게 되는 비용(만족감, 효용, 이득 등)을 뜻합니다.

빌 게이츠는 걷다가
땅에 떨어진 돈을 주우면 손해다?

이해를 돕기 위해 아주 간단하고 극단적인 예를 하나 들어볼게요. 수년 전, 하버드대학교의 한 교수가 흥미로운 계산 결과를 알렸습니다. 그는 빌 게이츠(마이크로소프트 창업자)가 1년간 벌어들인 돈을 계산했습니다. 시간당 버는 돈이 너무 큰 금액이라 이를 1초당 나누어 계산했지요. 그랬더니 1초에 150달러(약 20만 원) 정도나 벌었다고 합니다. 즉 빌 게이츠는 1분 동안 9,000달러(약 1,200만 원)를 버는 셈이죠. 바꾸어 말해서 빌 게이츠가 길을 가다가 도로에 떨어진 10달러짜리 지폐를 주우려고 잠시 멈추고 허리를 구부리는 데 10초가 걸린다면 그로 인해 빌 게이츠가 날리는 기회비용은 1,500달러(약 200만 원)가 됩니다. 따라서 돈을 줍는 대신에 그냥 가던 길을 계속 가는 게 그에게는 경제적으로는 훨씬 더 이득인 셈입니다.

이번에는 조금 무거운 주제로 살펴봅시다. 전쟁의 기회비용은 얼마일까요? 2001년 미국 도심 한복판에서 일어난 9·11테러 사건은 전 세계에 엄청난 사회적 파장을 일으켰죠. 이후 미국은 이라크와 전쟁을 벌였는데, 전쟁 직전 미국 정부가 추산한 전쟁 비용은 약 1,000~2,000억 달러(한화로 약 130~260조 원)에 이릅니다. 2005년 여름까지 미국 정부가 실제로 지출하게 된 비용은 약 3,000억 달러에 달했지요.

기회비용은 얼마?

방금 이야기했던 내용을 떠올리며 다음의 기회비용을 계산해 보자. 오늘 저녁 길동이는 세 가지 중 한 가지를 선택해야 한다. 첫째, 상영시간이 2시간인 영화를 보는데 이때 티켓 가격은 1만 원이다. 둘째, 2시간 동안 엄마 심부름을 할 경우 시간당 5천 원을 받을 수 있다. 셋째, 아르바이트를 해서 시간당 9천 원을 받을 수 있다. 길동이는 세 가지 선택 중 영화를 보기로 했다. 이때 길동이의 기회비용은 얼마일까?

① 9천 원   ② 1만 4천 원   ③ 2만 2천 원
④ 2만 6천 원   ⑤ 2만 8천 원

정답: ⑤
영화 1만 원(명시적 비용) + 아르바이트 2시간 1만 8천 원(암묵적 비용) = '2만 8천 원'이 기회비용입니다. 암묵적 비용을 계산할 때는 엄마의 심부름 2시간 1만 원과 아르바이트 2시간 1만 8천 원 중 더 큰 비용인 아르바이트를 기회비용 계산할 때 더해야 합니다.

하지만 2001년 노벨경제학상 수상자인 조지프 스티글리츠(Joseph Eugene Stiglitz) 컬럼비아대학교 교수와 예산 전문가인 린다 빌메스(Linda J. Bilmes) 하버드대학교 교수는 "미국의 이라크전 비용은 최대 2조 달러이며, 미국 정부가 추산한 비용의 10배에 이른다."라고 말했습니다. 명시적 비용이 3,000억 달러라고 추정할 때 드러나지 않은 암묵적 비용이 실로 어마어마한 것이지요. 그럼 과연 어떤 것들이 암묵적 비용에 포함되었을까요? 그건 바로 이라크전에 참가한 군인들이 경제활동을 하지 못해 벌지 못한 소득, 전사자와 부상자들이 무사하였다면 훗날 경제활동을 통해 만들어낼 수 있는 경제적 가치, 전쟁 비용으로 사용한 돈을 다른 경제발전이나 복지에 사용했을 경우의 부가가치 등입니다. 눈에 보이지 않지만 실로 엄청난 비용이 전쟁 때문에 날아간 것입니다.

치킨도 먹고 싶고, 피자도 먹고 싶은데…

전쟁의 기회비용이라니 우리 일상과 너무 동떨어져 실감하기 어렵다고요? 그럼 다시 한번 길동이를 소환해 볼까요? 이번에 길동이를 선택의 고민에 빠트린 것은 치킨과 피자입니다. 치킨은 2만 5천 원이고, 피자는 3만 원이에요. 고민 끝에 피자를 선택했을 때의 기회비용을 계산해 볼게요. 다음의 공식을 기억해 주세요.

기회비용 = 명시적 비용(선택에 치른 비용) + 암묵적 비용(포기한 선택의 가치)

명시적 비용부터 계산해 봅시다. 네, 지불한 피자값 3만 원이 명시적 비용이에요. 그렇다면 이 경우 암묵적 비용은 무엇일까요? 네, 길동이가 포기한 치킨을 선택했을 때 얻을 수 있는 만족감이 바로 암묵적 비용이 되겠죠? 그 만족감을 돈으로 환산하면 치킨값인 2만 5천 원일 수도 있지만, 때론 그 이상이거나, 그 이하일 수도 있어요. 그래서 기회비용은 피자값인 3만 원 플러스 알파가 됩니다. 아마 그동안은 실제 쓴 돈(이 경우는 피자값 3만 원)만 생각했을 거예요. 하시만 이제부터 눈에 보이는 비용뿐 아니라 눈에 보이지 않는 비용도 함께 고려하면 어떨까요? 그래야 좀 더 합리적인 의사결정을 내릴 수 있을 테니까요.

그런데 기회비용과 함께 꼭 알아두어야 할 개념이 하나 더 있습니다. 바로 **매몰비용**입니다. 매몰비용은 "이미 지출하여 회수할 수 없는 비용"을 말합니다. 따라서 경제적 선택의 상황에서 비용을 계산할 때 매몰비용은 포함하지 말아야 합니다. 그러나 우리는 이미 투입한 매몰비용이 아까워 잘못된 의사결정을 내리기도 합니다.

예를 들어 앞에서 주말에 친구와 영화를 보기 위해 아르바이트를 포기해야 했던 길동이의 상황을 다시 들여다보면서 매몰비용에 관해 살펴볼게요. 결국 길동이는 영화를 보기로 결정했습니다. 영화의 퓻값은 1만 2,000원이고, 러닝타임은 2시간이었죠. 그런데 30분 정도 지나자, 예상과 달리 너무 재미가 없고 지루했습니다. 그렇다고 이대로 그냥 나가버리자니 이미 지불한 영화값 1만 2,000원을 그대로 날리는 것 같아서 아깝다는 생각이 듭니다. 자, 길동이는 계

콩코드의 오류

콩코드는 1969년 영국과 프랑스가 협력하여 제작한 세계 최초 초음속 여객기다. 당시 콩코드는 일반 여객기보다 2배 이상 빨랐다. 하지만 속도를 높이기 위해 몸체를 좁게 설계한 탓에 여객기에 태울 수 있는 승객 수도 적었고, 연료 소모량이 많아 엄청난 유류비가 발생했다. 그 외에도 불확실한 수익성, 기체의 결함, 소음 및 매연 문제 등 여러 문제가 있었다.

그러나 영국과 프랑스는 콩코드를 포기할 수 없었다. 왜냐하면 개발 당시 이미 10억 달러 (약 1조 원)를 넘게 투자한 프로젝트였기 때문이다. 즉 매몰비용이 엄청난 프로젝트인 만큼 포기하기가 쉽지 않았던 것이다. 게다가 수익성이 없는데도 불구하고 계속된 투자로 인해 사업을 중단할 수도 없었다. 결국 2000년 7월 콩코드의 사고로 탑승객 전원이 사망하는 사건이 발생했다. 이 사건 이후 콩코드 기종에 대한 불신이 높아졌고, 2003년이 되어서야 공식적으로 운항 중단을 결정했다.

이와 같은 기업 경영과 관련하여 매몰비용 때문에 올바른 의사결정을 하지 못하게 되는 상황을 우리는 '콩코드의 오류'라고 부른다. 기업 활동에서 중요한 결정을 내릴 때는 이미 투자된 비용이 아니라 미래에 투자할 비용과 그 비용에 상응하여 창출될 이익에 초점을 맞춰 생각해야 한다. 매몰비용과 같이 이미 투자된 원가, 즉 회수할 수 없는 비용에 미련을 갖고 얽매인다면 올바른 결정을 내릴 수 없다.[5]

경영학의 대가인 피터 드러커는 "포기에 대한 결정은 아주 중요한데, 가장 소홀히 여겨지고 있다."라고 말했다. 콩코드 사례처럼 기업의 잘못된 판단으로, 매몰비용과 함께 '매몰'되어 버리는 기회비용도 무시할 수 없다.

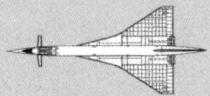

5. 정재학, 〈지각하면서도 택시를 타지 못하는 이유?〉, 《금융》, Vol.697, 2012.04.

속해서 영화를 보는 것이 나을까요? 아니면 영화관을 박차고 나와 다른 활동을 하는 것이 나을까요?

자, 바로 이런 상황에서 길동이가 푯값으로 지불한 1만 2,000원이 매몰비용입니다. 아무리 후회하고 고민한다고 해도 이미 영화표를 사버렸기 때문에 1만 2,000원은 영영 돌려받을 수 없으니까요. 현재 시점에서 길동이는 계속해서 영화를 보는 것과 영화관을 나와 다른 활동을 하는 것 중 어느 것이 더 나은지만 고려하면 됩니다. 하지만 길농이를 포함해 생각보다 많은 사람들이 매몰비용에 빠져서 좀 더 합리적인 판단을 내릴 골든타임을 종종 놓치곤 합니다. 그것이 때론 돌이킬 수 없는 손실로 이어지기도 하지요. 즉 결과적으로 경제적이지 못한 판단을 하게 되는 것이에요.

합리적 선택을 하려면 선택에 따라 새롭게 발생할 비용과 편익만을 예측하여 결정해야 합니다. 비록 지금까지 투자한 노력과 시간, 금전적인 비용이 매우 아깝겠지만, 회수할 수도 없는 비용만 계속 바라보다가는 오히려 더 큰 손해를 입는 불리한 선택을 할 수도 있다는 뜻이에요.

길동이의 사례로 다시 얘기해 보면 길동이가 영화를 보기 전에 실관람객들의 관람평을 살펴보았더니, 이 영화의 재미는 온통 후반부에 몰려있다는 평이 다수였다고 합시다. 그러면 중간에 그냥 자리를 박차고 나오는 선택이 오히려 길동이에게는 손해가 되겠죠. 하지만 꼭 그런 것도 아니라면 군이 영화를 끝까지 관람하는 것이 최선의 선택은 아닐 수도 있는 것이에요.

#신용등급 #대출 #이자

03

신용은
왜 중요한가요?

신용을 잃으면 일어나는 일들

　끝으로 살펴볼 것은 신용입니다. 신용은 소비생활에서도 중요하지만, 사실 경제생활 전반에서 빼놓을 수 없어요. 여러분 주변에 혹시 자주 거짓말을 하거나 약속을 번번이 어기는 사람이 있나요? 만약 있다면 별로 가깝게 지내고 싶지 않을 거예요. 믿을 만한 사람이 아니라고 생각할 테니까요. 경제에서도 믿음은 매우 중요해요. 앞에서 돈의 발전사를 얘기하면서도 줄곧 믿음, 신용에 관한 이야기를 했던 것을 기억할 거예요. 특히 오늘날 금융

거래에서 신용은 매우 중요한 척도입니다. 그래서 신용이 낮으면 다양한 금융 활동에서 이런저런 제약을 받을 수밖에 없지요.

금융에서 신용이란 쉽게 말해 돈을 빌려 쓰고 약속한 대로 갚을 수 있는 능력을 말합니다. 소비를 예로 들면 신용카드로 물건값을 결제할 때 카드사에서 그 사람이 정해진 날짜에 갚을 능력이 있다는 것을 믿고 외상 거래를 허용하는 것이지요. 앞서 신용의 개념을 알아보기는 했지만, 이번에는 길동이와 철수를 통해 더 자세히 살펴보려고 합니다.

길동이와 철수는 친구 사이인데, 부모님께 매달 받는 용돈도 거의 비슷해요. 하지만 경제관념은 영 딴판입니다. 돈이 생기면 일단 쓰고 보는 철수는 항상 용돈이 부족하다고 투덜거려요. 심지어 부모님께 받는 돈보다 더 많이 지출할 때도 있습니다. 반면 길동이는 철수와 비슷한 수준의 용돈을 받고 있지만, 늘 여윳돈이 있습니다. 용돈을 꼭 필요한 곳에만 계획적으로 사용할 뿐만 아니라, 용돈 중 일부는 반드시 규칙적으로 저축하기 때문이죠.

철수는 용돈이 부족해질 때마다 여유가 있는 친구 길동이에게 조금씩 빌리곤 했어요. 길동이는 철수가 친구라서 이자까지는 받고 싶지 않았어요. 다만 빌려 간 돈을 꼭 갚는 조건으로, 날짜를 약속받은 후에 돈을 빌려줬지요. 처음 몇 번은 제날짜에 약속대로 잘 갚았지만, 언젠가부터 철수는 약속한 날짜를 자꾸만 어기기 시작했어요. 심지어 늦게 갚으면서도 별로 미안해하지도 않았고, 때론 빌려 간 돈의 일부만 갚기도 했죠.

#그래서_#신용이_#중요한_거란다!

이런 일이 반복되자 길동이는 더 이상 참을 수 없었어요. 그래서 철수에게 앞서 빌려 간 돈을 다 갚기 전까지는 돈을 빌려주지 않을 뿐만 아니라, 부모님께도 말하겠다고 경고했지요.

길동이의 경고에 철수는 그간 빌린 돈을 다 갚았습니다. 그리고 얼마 후 철수는 다시 용돈이 떨어지자 여느 때처럼 길동이에게 돈을 빌려달라고 했습니다. 하지만 길동이는 더 이상 철수에게 돈을 빌려주고 싶지 않습니다. 왜냐고요? 철수에 대한 신용이 무너졌기 때문이죠.

약속한 날짜에 갚을 수 있는 사람인가?

길동이와 철수의 이야기는 '신용'의 기본은 약속을 잘 지키는 것임을 말해 줍니다. 기꺼이 돈을 빌려줄 만큼 믿었던 철수에 대한 신용이 흔들린 것은 결국 철수가 약속한 날짜에 돈을 갚지 않았기 때문이에요. 특히 한 번 그러는 것도 짜증 나는데, 심지어 여러 번 반복된 것이 더 큰 문제입니다. 이런 모습을 지켜보며 길동이는 철수에 대한 신용을 내려놓게 된 거죠. 이대로 철수를 계속 믿다가는 언젠가는 아예 돈을 한푼도 돌려받지 못할 거라고 생각했기 때문입니다. 그것이 철수와의 신용 거래를 하지 않기로 마음먹은 이유이지요.

철수와 길동이의 사례에서도 알 수 있는 것처럼 신용이란 미래에 갚을 것을 약속하고 현재 돈을 빌리거나 물건을 살 수 있는 능력이에요. 따라서 신용 결제란 어떤 사람에게 신용을 바탕으로 물건이나 돈을 빌려온 뒤, 정해진 수수료나 이자를 추가하여 나중에 대금을 갚는 것을 뜻하죠.

'신용이 있는 사람'이란 일상생활에서는 믿을 만한 사람을 뜻합니다. 금융생활에서는 빌린 돈을 갚을 능력과 의사가 있으며, 실제로 약속한 날짜에 빌린 돈을 갚는 사람을 말합니다. 예를 들어, 여러분이 사용하는 휴대전화 요금을 비롯한 신용카드 대금, 집을 사거나 자동차를 샀을 때 빌린 신용대출 등은 빌리는 사람의 신용을 바탕으로 하여 후불로 청구됩니다. 이러한 거래는 사용자가 결제일이 돌아올 때마다 일정 기간 사용한 금액, 즉 원금과 그에 대한 이자를 납부하는 신용 결제 방식입니다.

만약 약속한 날에 빌린 약속된 돈을 납부하지 않는다면 결제 지연에 따른 연체 이자를 부담해야 할 뿐만 아니라, 자칫 신용이 낮아지는 결과로 이어지게 됩니다. 낮은 신용은 향후 다양한 경제활동에서 이런저런 제약을 받을 수 있지요. 만약 금융업계로 취업을 희망한다면 낮은 신용은 취업상 불이익을 감수하거나 아예 제한될 수도 있습니다. 현대 사회는 신용 사회이므로 자신의 신용을 지키는 것이 중요합니다.

신용 거래는 일종의 외상 거래라고 있습니다. 당장 돈이 없어도 필요한 물건을 살 수 있어 편리하지만, 반드시 그에 따른 책임이 요구됩니다. 신용을 담보로 한 경제활동은 특정한 미래에 반드시 갚겠다는 전제로 이루어지는 것이기 때문입니다.

금융기관은 개인 신용을 어떻게 평가할까?

앞서 만나본 길동이는 앞으로 철수에게 쉽게 돈을 빌려주지 않겠죠? 이는 금융기관도 마찬가지입니다. 돈을 제때 잘 갚을 수 있는 사람에게 빌려주고 싶어 합니다. 따라서 돈을 빌려주기 전에 과연 이 사람이 미래에 돈을 잘 갚을 수 있는 사람인지 판단해야 하죠. 대체 어떻게 판단할까요?

개인의 부채 상환 능력을 점수로 나타낸 것이 신용점수입니다. 신용점수는 각 개인의 신용도를 평가한 점수로, 1점부터 1,000점까지로 평가됩니다. 점수가 높을수록 신용이 좋다는 의미이지요.

신용평가의 주요 요소로는 상환 이력, 부채 수준, 신용 거래 기간, 신용 거래 행태 등이 있습니다. 각각에 대한 설명을 짧게 덧붙이면 상환 이력은 돈을 빌린 다음 얼마나 잘 갚아왔는지에 대한 이력을 뜻합니다. 연체 발생 건수가 많거나 연체를 지속한 기간이 길어질수록 신용점수에는 마이너스가 됩니다. 부채 수준은 현재 보유한 채무의 규모로, 보유한 대출의 성실한 상환은 신용평가에 긍정적으로 작용하지만, 신용카드 대출의 잔액 증가는 채무 상환 부담이 높아지는 요인이므로 신용평가에는 좋지 않습니다. 반면 연체 없이 정상적인 신용 거래를 지속한 기간이 길수록 신용평가에는 긍정적으로 작용하게 되지요.

그런데 여기서 궁금하지 않나요? 신용카드가 없다면 신용평가가 나쁠까요? 꼭 그렇지만은 않습니다. 신용은 다양한 방법으로 평가

할 수 있으니까요. 신용카드를 쓰지 않을 경우에는 정기적으로 내는 통신비, 건강보험료 등을 납부한 내역 등도 평가의 대상이 됩니다. 만약 소득이 있다면 국민연금 납부내역, 소득증명원도 신용점수에 반영할 수 있습니다. 게다가 일정 기간 이상 꾸준히 냈다면 비금융 거래 이력도 신용평가에 좋은 영향을 미치지요.

신용점수가 중요한 이유는 이것이 금융거래에 있어 일종의 신분증 역할을 하기 때문입니다. 예컨대 목돈이 필요해서 금융기관을 찾았을 때, 신용점수가 높을수록 대출의 문턱을 넘기가 한결 쉬워집니다. 평생 금융기관에서 돈을 빌릴 일이 없이 살 수 있다면 좋겠지만, 살다 보면 매달 들어오는 수입은 일정한데 갑자기 목돈이 지출되는 경우가 생기곤 합니다. 특히 부동산 가격이 고공행진을 하는 상황에서의 내 집 마련처럼, 저축만으로는 한꺼번에 감당하기 어려운 큰돈이 필요한 경우도 있지요.

필요한 돈이 소액이라면 가족이나 친구, 지인 등에게 단기간 빌리기도 할 거예요. 하지만 금액이 큰 경우에는 아무리 가까운 사이라도 선뜻 돈을 빌려주기 어렵죠. 그래서 주로 은행과 같은 금융기관으로부터 돈을 빌리게 됩니다. 이렇게 우리가 금융기관으로부터 돈을 빌리는 것을 '대출'이라고 합니다. 금융기관에서 대출을 받은 사람은 빌린 돈에 대한 이자를 내야 하지요.

금융기관이 돈을 빌려주는 조건

이번에는 대출 종류 몇 가지만 살펴볼까요? 학자금 대출은 근로자가 아닌 학생들에 대한 대출이에요. 학비가 부족한 학생들이 공부를 계속할 수 있도록 돈을 빌려주고, 나중에 졸업 후에 돈을 갚게 합니다. 일반 대출은 현재 필요한 물건이나 집, 자동차를 살 때 많이 이용합니다. 기업 대출은 자금 융통에 어려움을 겪는 사업자나 새로운 사업에 투자할 때 진행됩니다.

대출을 받은 후 중요한 점은 약속한 기한 안에 정해진 돈을 갚는 것과 돈을 빌린 대가로 주기적으로 이자를 내는 것입니다. 따라서 금융기관도 갚을 능력이 있는지 판단해야 하겠죠? 그렇다면 대체 무엇을 믿고 대출해 줄까요? 믿음을 어디에 두고 대출해 주느냐에 따라 크게 다음과 같이 구분합니다.

- 담보대출: 돈을 빌려준 사람은 대출해 준 돈을 받지 못할 위험이 있으므로 대출해 준 금액에 상응하는 물건을 약속의 징표로 요구하는데 이를 담보라고 하고, 담보 제공을 통해 대출이 이루어지는 경우를 담보대출이라고 한다. 집을 구매하면서 자금이 모자란 경우에 구매하려는 집을 은행에 담보로 제공하고 받는 주택담보대출이 대표적인 담보대출에 해당한다.
- 신용대출: 일정한 조건의 담보물을 제공하고 대출을 받는 담보대출과는 달리 본인의 신용만으로 대출을 받는 경우, 이를 신용대출이라고 한다. 앞서 길동이가 철수에게 친구 간의 우정을 믿고 어떠한 담보도 요구하지 않은 채 돈을 빌려 준 것은 일종의 신용대출에 해당한다고 할 수 있다.

일반적으로 돈을 빌려주는 쪽은 대출 당사자에 대한 신용만으로 빌려주는 신용대출보다는 담보물이 있는 담보대출이 좀 더 안전한 대출 방식이겠죠? 최악의 경우 담보물을 회수할 수 있으니까요. 그래서 일반적으로 신용대출보다는 담보대출의 이자율이 낮습니다.

다만 대출이 필요할 때는 주의할 점이 있습니다. 소득이 지출보다 적어 돈을 빌릴 경우에 '부채'가 발생합니다. 부채는 갚아야 하는 빚입니다. 또 부채를 지면 원금 상환의 의무와 함께 이자에 대한 부담이 발생합니다. 따라서 대출을 받을 때는 현재의 소득에서 감당할 수 있는지를 판단하여 적정한 부채 규모를 초과하지 않도록 잘 관리해야 합니다.

빚이 연체되었을 때의 불이익

만약 금융기관에서 신용으로 빌린 돈을 제때 갚지 못하면 연체자, 즉 '금융 채무 불이행자'로 낙인이 찍힌다. 실수로 하루 이틀 깜박할 수도 있는데, 연체자로 낙인이 찍히면 억울하다고 생각하겠지만, 그건 걱정할 필요 없다. 연체로 간주하는 구체적인 기준이 있기 때문이다. 50만 원 이상을 3개월 이상 연체하거나 50만 원 미만을 2건 이상 연체하였을 때, 이를 금융 채무 불이행이라고 하며, 금융기관들은 이러한 금융 채무 불이행 정보를 공유한다. 과거에는 소위 '신용 불량자'라고 불리기도 했다.

그런데 이러한 채무 불이행 낙인은 금융 대출에만 적용되는 것이 아니다. 전기요금을 비롯한 각종 공과금을 제때 내지 않거나 세금을 체납한 경우에도 금융 채무 불이행자가 될 수 있다. 일단 금융 채무 불이행자가 되면 금융거래에 제약을 받게 되므로 정상적인 경제활동이 어려워진다. 은행 대출이 막히고, 신용카드의 발급도 어려워질 수 있다. 심지어 자신의 명의로 휴대전화를 개통하기도 어려워진다. 말하자면 신용을 요구하는 거래 전반이 막히게 되는 것이다. 때로는 재산을 압류당할 수도 있다. 게다가 연체된 돈을 모두 갚더라도 일정 기간은 금융 채무 불이행 정보가 남아 있게 되므로, 어떤 경우에는 취업에도 불이익을 받을 수 있다.

그러므로 빌린 돈을 갚지 못하고 연체되었을 때는 어떻게든 빌린 돈을 갚기 위해 노력해야 한다. 때로는 부채가 너무 커서 스스로 해결할 수 없을 때도 있다. 이런 경우 신용 회복 위원회의 도움을 받을 수 있다. 신용 회복 위원회에서는 채무 조정 제도를 통해 빚을 일정 기간 나누어 갚도록 하거나 이자율을 낮추어 주는 등 금융 채무 불이행자가 돈을 갚고, 신용을 회복하여 정상적인 사회생활을 영위할 수 있도록 돕고 있다.

Q 제1 금융권, 제2 금융권, 제3 금융권은
어떻게 구분해요?

제1 금융권은 은행, 제2 금융권은 은행을 제외한 금융기관,
제3 금융권은 제도권 금융이 아닌 대부업체입니다. **A**

우리 주변에는 은행, 증권사, 보험사, 저축은행, 카드사, 할부금융사 등 매우 다양한 금융기관이 있습니다. 이러한 금융기관들이 제1 금융권, 제2 금융권, 제3 금융권으로 나뉜다는 사실을 혹시 알고 있나요?

먼저 제1금융권은 은행을 말합니다. 일반은행, 지방은행, 외국계은행, 특수은행(정책금융기관), 인터넷전문은행 등이 있습니다. 우리가 잘 알고 있는 국민은행, 신한은행, 우리은행, 하나은행은 일반은행이고, 정부와 관련된 한국산업은행, 한국수출입은행 등은 특수은행입니다. 그리고 케이뱅크, 카카오뱅크, 토스뱅크는 인터넷전문은행입니다.

제2금융권은 은행은 아니지만 좀 더 전문적인 금융 수요를 충족시키기 위해 만들어졌습니다. 우리가 잘 아는 농협, 수협, 신협, 새마을금고 등을 비롯하여 증권회사, 보험회사, 카드회사, 캐피탈, 상호저축은행 등이 있습니다. 돈을 빌릴 수 있는 자격과 대출 신청 절차가 제1금융권에 비해 간편

한 반면 이자가 상대적으로 비쌉니다. 일반은행에서 돈을 빌릴 수 없는 사람이 제2금융권을 찾습니다.

　제3금융권은 제1금융권과 제2금융권에 속하지 않는 나머지 금융기관을 말합니다. '사(私)금융'이라고 하며 주로 대부업체들을 말합니다. 제3금융권은 법적으로 금융기관이 아니어서 제2금융권보다도 이자가 비쌉니다. 법정 최고이자율에 관해서는 158~159쪽 돈과 금융 Talk Talk을 참고하세요.

 **더 알아보기**

금융권을 쉽게 구분하는 방법

가장 간편한 방법은 상호(商號), 즉 회사 이름을 보는 것이다. 예컨대 이름에 '은행'이 없다면 제2 금융권이다. 은행법의 적용을 받지 않는 제2 금융권은 '은행'이라는 말을 쓸 수 없기 때문이다. 예를 들어 '수협은행 OO지점'은 제1 금융권이지만, 'OO수협'은 제2 금융권이다. 단, 예외가 있다. '저축은행'의 경우에는 상호에 '은행'을 포함하지만 제2 금융권이다. 그러니까 '은행' 앞에 '저축'이 붙어 있는지로 일반은행과 구분하면 될 것이다.

부자가 되고 싶어요!

앞에서도 이야기했지만, 지금과 같은 저금리 시대에는 저축에만 의존해서는 부자가 되기 어려운, 아니 솔직히 거의 불가능합니다. 어린 시절부터 규칙적으로 저축하는 습관과 낭비하지 않는 습관을 기르는 것만큼이나 올바른 투자 개념을 이해하고, 감각을 몸에 익히는 것이 중요한 이유입니다. 즉 진정한 재무적 의사결정 능력을 키우려면 저축과 소비 그리고 투자의 삼박자를 잘 갖춰야 한다는 뜻이에요. 그런데 성공적인 투자를 위해서는 경제를 보는 눈도 함께 키울 필요가 있습니다. 경제 상황을 무시한 투자는 실패할 확률이 높으니까요. 그리고 투기를 투자로 오해해서도 안 됩니다. 막연하게 큰 돈을 벌 것이라 기대하는 마음에만 의지한다면 그 자체로 투기라고 할 수 있죠. 그런 무모한 의사결정은 자신의 경제 상황을 파국으로 몰아넣을 수 있습니다. 그래서 마지막 장에서는 여러분의 경제 문해력을 높이고, 미래에 지혜로운 투자를 하는 데 도움이 될 만한 실질적인 내용들을 담아보았습니다.

투자

#금리 #물가

01

금리 모르면 경제도
이해할 수 없지!

경제 문해력을 키우자!

수학 시험을 볼 때, 응용문제가 나오면 유독 당황
하는 친구들이 있습니다. 문제를 아무리 읽어봐도 대체 뭘 구하라
는 것인지 통 이해하지 못하겠다고 투덜거리지요. 때론 공식을 몰
라서 풀지 못하는 사람도 있겠지만, 문제풀이에 필요한 공식은 모
두 외워서 알고 있는데도 정작 어떤 공식을 적용해서 풀어야 할지
모르기도 합니다. 또 국어나 영어 시험에서는 대체로 지문이 많이
나옵니다. 그리고 지문 속에 문제의 답이 들어 있는 경우도 많아요.

하지만 학생들 중에는 주어진 지문을 제대로 읽어내지 못해 문제를 풀지 못하는 경우도 있습니다. 또 어떤 경우에는 지문에 들어 있는 핵심 키워드의 뜻을 이해하지 못해서 문제풀이가 막히는 경우도 있죠. 혹시 여러분도 이런 경험을 자주 한다면 자신의 문해력에 문제가 있는 것은 아닌지 점검해 볼 필요가 있습니다.

요즘 부쩍 주목받는 역량 가운데 하나가 **문해력**입니다. 문해력은 단지 읽고 쓰는 것을 의미하지 않습니다. 읽고 쓰기도 중요하지만, 의미를 올바로 이해하고, 응용과 활용이 가능하며, 이를 기반으로 소통할 수 있는 능력까지 포괄적으로 아우릅니다. 돈과 금융, 경제생활도 마찬가지예요. 만약 여러분이 경제 뉴스를 읽었을 때, 모르는 단어 천지라면 분명 한국말로 작성된 기사인데도 핵심 내용을 제대로 파악하기가 어려울 테니까요.

금리가 오르면…

아는 것이 힘이라고 했던가요? 이번에는 먼저 경제를 읽는 눈을 키우는 데 있어 가장 중요한 키워드라고 할 수 있는 **금리**에 관해 이야기하려고 합니다. 그리고 금리가 실물경제에 미치는 영향에 관해서도 두루 살펴보기로 합시다.

뉴스에서 "금리가 오를 전망입니다."라는 소식에 부모님께서 "대출이자가 또 오르겠네… 걱정이야…"라고 푸념하는 말을 들어본 적 없나요? 금리가 올라도 은행에 예금한 내 돈에 대한 이자는 별로 오르는 것 같지도 않은데, 대체 '금리'가 경제에 어떤 영향을 미친다는 것일까요? 아직 잘 모르겠다고요? 지금부터 차근차근 살펴봅시다.

서울을 중심으로 자고 나면 무섭게 치솟는 아파트값이 연일 보도되자 지금이 아니면 영영 내 집 마련을 못 할지도 모른다는 사회적 불안감이 고조되었습니다. 또 일단 빚을 내서라도 소위 똑똑한 아파트만 한 채 살 수 있다면 가치가 가파르게 오르면서 결국 재산도 늘어날 거라는 기대감 속에 은행에서 무리하게 대출을 받으려는 사람들도 많아졌죠. 이들을 '영끌족'이라고 부르는데, 이름에서 짐작할 수 있는 것처럼 영혼까지 끌어모을 정도로 자신의 재산이나 소득 수준을 넘어서는 많은 돈을 빌려 부동산에 올인한 투자자를 말합니다.[1]

....
1. 요즘은 꼭 부동산이 아니라도, 주식, 코인 등에 무리한 투자를 감행하는 이들을 아우르기도 한다.

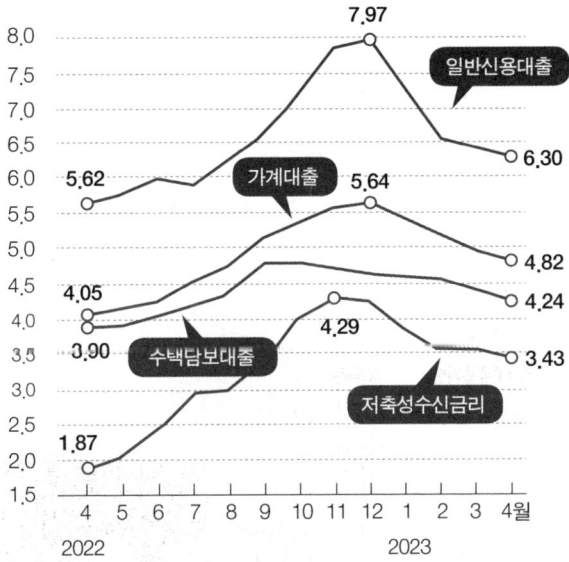

(단위: %, 자료: 한국은행 경제통계시스템)

한국은행 기준금리와 가계대출 금리 추이

그래프를 봐도 대출금리에 비해 예금금리가 낮은 것을 알 수 있다. 또한 대출금리 중에서는 일반신용대출의 금리가 가장 높다는 것도 알 수 있다(대출금리 산정에 관한 내용은 209쪽 글상자 참조).

2020년까지만 해도 영끌족이 은행에서 돈을 빌렸을 때는 지금처럼 대출금리가 높지 않았습니다(3% 미만). 또 이자 지출을 감수할 만큼 워낙 부동산이 가파르게 상승했기 때문에 결과적으로 재산은 늘어난 셈이었죠. 그런데 이후 대출금리는 영끌족이 돈을 빌렸을 때보다 빠른 속도로 오르며, 매달 갚아야 할 이자가 눈덩이처럼 불어나며 가계 부담이 커졌습니다(위 그래프 참조). 가파르게 상승하는 가계대출 금리 그래프를 보면 알 수 있듯이 약 1년만에 부담해야

#풍선효과_#문제 하나를 해결하면_#다른 쪽에서 또 문제가 생겨나지!

하는 이자율이 4%에서 5%대 중반으로 늘어난 것을 알 수 있습니다. 그러다 다시 4%로 내려왔지만, 우리나라 경제정책은 물론 세계 경제의 흐름에 따라 금리는 계속 변동될 수 있습니다.

이쯤에서 금리를 간단히 정의하면 **돈의 가격**입니다. 일반적으로 이 말을 들으면 동전이나 지폐에 적힌 숫자들, 즉 100, 500 또는 1,000, 10,000, 50,000 등만 떠오를 것이에요. 하지만 이곳에서 말하는 돈의 가격은 **희소성**의 관점에서 값이 달라지는 것을 뜻합니다. 조금 헷갈리나요? 지금부터 그 의미를 좀 더 자세히 알아봅시다.

똑같은 야구공인데 가치가 달라지는 이유

3장에서 설명했던 '희소성'에 대한 내용을 떠올리며 차근차근 살펴봅시다. 예를 들어 마트나 온라인 쇼핑몰에서 판매하는 물건에는 모두 가격이 매겨져 있습니다. 정가대로 구매할 때도 있지만, 요즘은 인터넷에서 해당 물건에 대한 최저가를 검색하기도 합니다. 같은 물건에 대해 서로 다른 값이 매겨지는 거죠.

그런데 이런 경우라면 어떨까요? 똑같은 브랜드의 야구공 2개가 있어요. 하나는 쇼핑몰에서 판매하는 새것이고, 또 다른 하나는 홈런-도루 부문에서 역대 신기록을 달성한 인기 메이저리거의 50호 기념 홈런볼이라고 합시다. 홈런볼은 중고니까 값이 덜 나간다거나, 똑같은 브랜드의 야구공이니까 같은 값이라고 생각하는 사람은 아마 없을 것이에요. 왜냐하면 그 브랜드의 야구공은 쇼핑몰에서 얼마든지 구할 수 있지만, 신기록 달성 기념 홈런볼은 그 기록이 깨지기 전까지는 세상에 단 하나뿐이니까요. 즉 **희소성**에서 큰 차이가 납니다. 만약 그 홈런볼을 원하는 사람들이 많을수록 가치는 훨씬 더 올라가겠죠?

운 좋게 홈런볼을 가진 사람은 평생 소장할 수도 있겠지만, 만약 그것을 되판다고 가정하면 어떨까요? 분명 야구공의 정가보다는 훨씬 높은, 아니 일반적인 상상을 초월하는 아주아주 비싼 값에 그 물건을 팔려고 할 것입니다. 그것을 간절히 원하는 사람은 아주 비싼 가격을 감수하고라도 사려고 할 테니까요. 이때 물건의 원래 가격은 만 원이었다고 하더라도 희소성에 의한 가치 평가에 따라 몇 배, 아니 몇백, 몇천 배 이상을 훨씬 웃도는 가격에 거래되는 일도 생길 수 있습니다. 이처럼 원래 가격보다 훨씬 비싸게 거래되는 일은 일상에서도 흔하게 볼 수 있습니다.

얼마 전 큰 인기를 끌었던 포켓몬 카드나 한정판 굿즈, 기타 희귀 아이템 등등에도 해당될 수 있지요. 중고품인데도 신상품보다 훨씬 높은 가격에 거래되곤 해요. 바로 희소성이 가격에 영향을 미쳤기 때문입니다. 물건을 사려고 하는 사람이 팔려는 사람보다 많으면, 즉 희소성이 높으면 그 물건의 가격은 적정한 가격보다 더 높은 가격에 거래가 됩니다. 반대로 팔려는 사람이 더 많으면, 즉 희소성이 낮으면 낮은 가격에 거래됩니다.

이런 현상은 원래 물건의 가격에 사려는 사람의 가치가 더해졌기 때문입니다. 이를 두고 경제학에서는 "수요가 공급을 초과한다"라고 말합니다. 아무리 비싸도 판매자가 원하는 값을 구매자가 기꺼이 지불하면 거래가 성사되겠죠? 그런데 이런 원리는 물건에 대한 거래뿐만 아니라 돈거래에도 적용됩니다. 즉 희소성에 따라 돈의 가격이 변화하는 것이지요.

시중에 돈이 많이 풀렸대요

구체적으로 희소성이 돈의 가격에 어떤 영향을 미치는지 살펴볼까요? 자, 정부가 침체된 경기를 끌어올리기 위한 경기부양책을 펼치게 되었어요. 이에 금리를 낮추고 한국은행에서 돈을 많이 발행한다면 어떻게 될까요? 당연히 시중에 유통되는 돈의 양, 즉 통화량(通貨量)이 늘어나고, 돈을 빌리기도 쉬워집니다. 혹시 "시중에 돈이 많이 풀린다."는 말을 들어보았다면, 바로 이런 경우에 해당합니다. 돈을 빌리기가 쉬워진다는 말은 그만큼 돈이 많아졌다, 즉 희소성이 낮아졌다는 뜻으로 볼 수 있어요. 이런 상황에서 돈의 가치는 떨어지게 되는 거죠. 이처럼 돈의 가치가 떨어졌을 때, 돈을 빌린다면 당연히 빌린 돈에 대한 이자도 적어집니다.

실제로 어떻게 달라지는지 예를 들어볼까요?[2] 갑돌이네 부모님이 내 집 마련을 위해 부족한 돈 1억 원을 은행으로부터 대출, 즉 빌렸다고 가정해 봅시다. 차입 당시 은행의 연간 대출금리(또는 대출

---

2. 이 예시는 변동금리를 적용한 대출을 가정한 것이다.

이자율)는 5%였어요. 그럼 1억 원을 빌렸을 때, 매년 500만 원(1억 원×5%)의 이자를 은행에 갚아야 합니다. 그런데 대출 이후 경기가 점점 나빠지더니 어느덧 깊은 침체에 빠졌어요. 이로 인해 시중에는 돈이 부족해졌습니다. 즉 돈의 희소성이 높아진 거죠. 그러자 은행의 대출금리가 10%로 오르게 되었어요. 그렇다면 갑돌이의 부모님은 이제 매년 더 많은 이자를 부담해야 합니다. 즉 1년에 이자를 500만 원만 내면 되었는데, 이제 1,000만 원을 내야 하는 상황이 된 거죠. 빌린 돈은 1억 원 그대로인데 말입니다.

물론 반대의 경우도 얼마든지 있습니다. 갑돌이의 부모님에게 여윳돈이 생겨서 1,000만 원을 은행에 예금했는데, 당시 예금의 이자율이 1%였다면 1년 동안 10만 원의 이자를 받게 됩니다. 그러다가 1년 뒤 예금금리가 3%로 올라가서 기존의 예금을 3% 금리의 예금으로 전환하여 예치한다면 향후 1년 동안은 30만 원의 이자를 받게 되겠죠. 이제 돈의 가치가 달라지는 것이 이해되나요?

특히 돈의 가치는 경제 상황에 민감한 영향을 받게 됩니다. 자국의 경제 상황에 따라서도 변화하고, 또 세계 경제의 흐름에 영향을 받기도 해요. 예컨대 코로나19 시기를 되돌아볼까요? 팬데믹 초반, 우리나라를 포함해 전 세계가 한동안 셧다운 상태였지요? 각종 경제활동이 봉쇄되면서 경기가 순식간에 위축되었어요. 이에 전 세계적으로 중앙은행들이 앞다투어 금리를 낮춰 제로금리 수준을 유지함과 동시에 많은 돈을 풀어 시중에 공급했습니다.

특히 직접적인 현금지원까지 이뤄졌는데, 미국에서는 의회의 승인 후 1인당 2,000달러 정도의 재난지원금을 지급했고, 우리나라도 이 무렵 소득 수준과 상관없이 전 국민에게 재난지원금이 일괄 지급되었습니다. 이러한 조치에 대해서는 지금도 찬반 논란이 있지만, 소비 진작에는 어느 정도 도움이 된 것 같습니다. 관련 연구를 하나만 소개하면, 코로나 국민재난지원금을 통해 약 30% 내외의 소비증대 효과가 나타났다는 분석이 있으니까요.[3]

이후 사회적 거리두기 및 백신 접종 등으로 코로나19 유행이 어느 정도 관리 가능한 상태로 전환되면서 경제봉쇄도 풀리게 되었습니다. 그런데 이번에는 정반대의 문제가 나타납니다. 즉 이전에 풀린 많은 돈으로 인해 급격한 물가 상승이 일어났습니다. 그러자 2022년부터 각국 중앙은행들은 단기간에 치솟는 물가를 잡기 위해 다시 금리를 올려 시중에 풀린 돈을 흡수하려고 했죠. 특히 미국의 중앙은행이라 할 수 있는 '미국 연방준비제도(Fed, 이하 연준)'는 2022년 5월 기준금리를 0.5% 올린 빅스텝에 이어 6월에는 0.75 포인트나 올리는 '자이언트스텝'을 밟았는데, 이는 28년 만의 최대폭 기준금리 인상 조치이기도 하였습니다.[4] 이러한 강력한 조치가 이뤄진 이유는 돈줄을 죄어 치솟는 물가를 빠르게 안정시키기 위함이었죠. 돈에 인쇄된 숫자는 변함이 없는데, 경제 상황에 따라 가치 평가는 달라질 수 있다는 것이 확실히 이해되지요?

....

3. 이은지, 〈전국민 25만 원, 내수 진작? 코로나 재난지원금 성과 분석한 박사 "선별 타겟팅해야"〉, 《YTN》, 2024.04.30.
4. 조계완·정의길·정의길·이본영, 〈미 연준, 28년만에 기준금리 0.75%p 인상…'자이언트 스텝' 초강수〉, 《한겨레》, 2022.06.16.

금리는 누가 결정하나요?

앞서 설명한 바와 같이 돈의 가치, 즉 희소성이 떨어지면 금리도 내려가고, 반대로 가치가 올라가면 금리도 올라가게 됩니다. 그렇다면 돈의 가치 변화를 판단하는 척도인 '금리'는 누가 결정할까요?

우리나라의 금리는 한국은행에서 결정합니다. 당연히 함부로 정하는 것은 아니고, 한국은행에서도 금융통화위원회(금통위)라는 곳에서 물가 수준, 국내외 경제 상황, 금융시장 여건 등을 종합적으로 고려한 회의를 통해 신중하게 결정합니다. 본 회의는 1년에 총 8번 열리는데, 회의에 참여하는 구성원 중 5명 이상 출석해야 하며, 과반수가 넘는 위원이 찬성해야 금리의 인상, 인하, 동결 여부를 결정할 수 있어요. 이렇게 결정된 금리는 순차적으로 단기 금리, 중장기 시장 금리, 예금 및 대출 금리 등의 변동으로 이어져, 여러분의 실제 경제활동에도 직간접적으로 영향을 미치게 됩니다.

한편 세상 모든 사람에게 똑같은 금리가 적용되는 것은 아닙니다. 금융기관인 은행에서 돈을 빌릴 때 개인마다 대출금리가 달리 적용되니까요. 이런 경우는 앞에서도 설명했던 '신용'과 깊은 관련이 있습니다. 자, 예를 들어봅시다. A라는 사람은 보유 재산이 많고, 안정된 직업으로 소득 수준이 일정하며, 은행과의 거래에 있어 단 한 번도 연체 이력도 없었습니다. 반면 B라는 사람은 가치를 평가할 만한 마땅한 재산이 없고, 이직이 잦아서 소득도 일정하지 않아요. 게다가 과거에 이자나 원금을 늦게 갚았거나 못 갚았던 이력이 남아 있다고 합시다. 아마 은행은 A에게는 큰돈도 선뜻 빌려주겠지만, B에게는 소액만 빌려주거나 아예 빌려주지 않을 수도 있습니다. 특히 B가 과거 이자나 원금을 제대로 갚지 않은 신용 기록은 대단히 불리한 영향을 미칩니다. 왜냐하면 은행의 입장에서는 B에게 돈을 빌려주면 돌려받지 못할 거라고 판단할 수 있기 때문이에요. 또한 은행에서는 돈을 빌려주더라도 B에게는 A보다 높은 금리를 적용할 수 있습니다. 이처럼 돈을 빌리는 기간, 빌리는 사람의 신용도, 돈을 빌린 금융기관, 담보 유무 등에 따라 개인이 체감하는 금리는 달라질 수 있습니다.

또한 예금금리는 대체로 만기가 길수록 높아집니다. 만기가 길수록 불확실성이 높아질 뿐만 아니라 돈을 맡긴 입장에서는 필요할 때 마음대로 회수할 수 없기 때문입니다. 그래서 은행에서도 수시로 돈을 넣거나 뺄 수 있는 보통예금보다 오랜 기간 저축하는 정기예금에 더 많은 이자를 주는 것입니다.

잠깐만!

대출금리의 산정

일반적으로 대출금리는 기준금리에서 가산금리가 더해진다. 따라서 대출금리에는 한국은행에서 발표하는 금리, 즉 기준금리의 영향도 물론 받지만, 추가로 대출 상품의 종류, 대출 기간, 대출 금액, 신용도 등을 고려하여 영향을 미치게 된다. 예컨대 높은 신용, 우수한 담보 외에 빨리 돈을 갚을수록 가산금리는 낮아지게 된다.

금리를 함부로 조정할 수 없는 이유

금리를 이야기할 때 빼놓을 수 없는 것이 바로 미국 연준입니다. 실제로 전 세계가 연준의 금리 조정에 촉각을 곤두세우고 있다고 해도 과언이 아니니까요. 앞서 2022년에 연준이 공격적으로 기준금리를 올렸다고 얘기했지요? 이는 물가안정 및 인플레이션 해결을 위한 조치였습니다.

물가가 지속적으로 올라가는 현상이 인플레이션인데, 인플레이션이 지속되면 돈의 가치가 떨어지고, 경제가 불안정해집니다. 구매력이 저하되며 경기침체에 빠질 수 있지요. 만약 인플레이션을 방치하면 하이퍼인플레이션 상태에 이를 수도 있습니다. 최악의 경우 돈의 가치가 휴지 조각의 가치보다 못하게 전락할 수도 있어요.

믿기 어려운가요? 실제로 발생했던 사례를 소개하겠습니다. 2015년 베네수엘라의 화폐 '볼리바르화'는 살인적 인플레이션과 함께 화폐가치가 바닥으로 추락했습니다. 당시 어느 정도로 심각했는가 하면, 장바구니에 지폐를 한가득 담아 가도 물건 하나 사기 어려운 지경이었죠. 오죽하면 차라리 화장실에서 휴지 대신 볼리바르화를 쓰는 것이 싸게 먹힌다는 말까지 나올 정도였으니까요.

일반적인 상황에서라면 중앙은행이 금리를 올립니다. 이를 통해 은행으로 예금 수요가 몰리면 통화량이 감소하여 화폐가치의 하락을 막을 수 있으니까요. 다만 부작용도 적지 않습니다. 금리를 높이면 대출 수요가 감소되어 기업들은 투자에 소극적으로 돌아서고,

소비자들의 지갑도 닫히며, 결국 시장을 꽁꽁 얼어붙게 하므로 경제성장에 제동이 걸리니까요. 또 무작정 금리를 올려도 통화 자체의 신용도가 없다면 백약이 무효입니다.

이번에는 아르헨티나[5]의 사례를 소개합니다. 아르헨티나는 오래 전부터 경기침체에 시달렸는데, 이것이 코로나19를 겪으면서 걷잡을 수 없이 악화되었습니다. 아르헨티나 정부는 위기를 극복하기 위해 공격적인 경기부양책을 펼치게 되었죠. 국민에게 각종 복지혜택을 남발하고, 공공요금을 동결했으며, 각 가정에 현금지원 등을 포괄적으로 실시하게 된 것입니다. 이런 시도는 정부의 재정에 크나큰 부담으로 돌아왔고, 엄청난 적자를 떠안아야 했습니다.

결국 아르헨티나 정부는 상황을 타개하기 위해 아르헨티나 화폐인 '페소'를 마구 찍어내기에 이릅니다. 하지만 이런 결정은 독이 되고 말았죠. 인플레이션이 일어나 물가가 100% 이상 상승하는 끔찍한 결과를 초래했으니까요. 살인적인 인플레이션을 잡기 위해 이번에는 기준금리를 크게 올려 무려 세 자릿수로 인상하기에 이릅니다. 이는 은행에 돈을 1년만 맡겨놓아도 2배 가까이 예금이 늘어나는 것이나 마찬가지입니다. 그럼에도 정작 아르헨티나 국민은 불안한 자국 화폐인 '페소'가 아닌 '달러' 보유를 희망했고, 자산은 계속 해외로 빠져나갔습니다. 2020년부터 약 5년간 페소의 가치는 무려 95% 가까이 떨어지고 말았죠.

....
5. 유세진, 〈아르헨티나, 100% 넘는 인플레 대처위해 금리 97%로 인상〉, 《뉴시스》, 2023.05.16.

금리로 체감하는 시장경제

방금 소개한 아르헨티나의 금리 조정은 극단적인 사례입니다. 금리는 0.5% 이상만 높여도 '빅스텝'[6]이라고 불릴 만큼 큰 조정으로 간주하니까요. 금리 조정을 통해 경제의 급격한 과열이나 침체를 피하려는 것은 세계 중앙은행 대부분의 중요한 책무입니다. 이는 우리나라 한국은행도 예외가 아닙니다.[7]

여러분도 뉴스나 신문을 보다 보면 한국은행에서 기준금리를 '올렸다', '내렸다', '동결했다' 등의 표현을 접했을 것입니다. 금리를 0.25%나 0.5% 올리고 내리는 게 뭐 그리 대단한 영향이 있을까 생각할 수도 있겠지만, 금리 변동은 침체된 경기를 회복시키거나, 훌쩍 올라간 물가를 잡을 수도 있는 주요 전략이지요. 물가는 우리가 살아가는 데 필요한 재화와 서비스의 가격을 나타내는 지표로, 말 그대로 물건의 가격을 뜻합니다.

특히 일반인은 '물가'로 경기를 체감하곤 합니다. 왜냐하면 물가의 상승은 실질소득의 감소로 이어지다 보니 경제에 무관심한 서민들이 경기를 체감하게 하는 지표이지요. 소득은 그대로인데 물가가 오르면 결국 통장에 남는 돈의 가치는 줄어들 수밖에 없습니다. 어른들이 월급만 빼고 다 올랐다고 푸념하는 이유죠. 인플레이션은

....

6. 한편 기준금리 0.25%포인트 인상일 때는 베이비스텝이라고 하는데, 이는 가장 통상적인 기준금리 조정 방식이다.
7. 한국은행이 하는 일은 106~107쪽 글상자에서 이미 자세히 설명하였다.

물가가 지속적으로 상승하는 현상입니다. 앞선 아르헨티나와 같은 극단적인 상황까지는 아니라도 생활비 부담으로 이어지므로 우리들의 경제생활에 큰 영향을 미치는 거죠.

이제 여러분도 금리 인상이 가져오는 영향을 어렴풋하게나마 이해하게 되었을 것이에요. 좀 더 머릿속에 또렷하게 남을 수 있도록 일련의 과정을 다시 한번 정리해 봅시다. 자, 물가가 크게 올라서 서민들의 삶이 팍팍해지자 물가를 잡기 위해 중앙은행은 금리를 인상했죠. 그러면 어떻게 될까요? 네, 은행에 예금을 하거나 대출을 받을 때 적용되는 예금금리나 대출금리도 덩달아 오르겠죠? 아까 대출이자로 걱정했던 갑돌이의 부모님을 떠올리면 쉽게 이해될 것이에요. 금리가 오르면 은행으로 돈이 몰리게 됩니다. 같은 돈을 예금해도 더 많은 이자를 받게 되니까요. 반대로 대출은 감소하겠죠? 동일한 대출금액에 대한 대출이자가 높아지니까요. 그런데 금리의 영향은 여기서 멈추지 않습니다.

이러한 흐름은 주식이나 부동산 시장 등으로도 이어지게 됩니다. 금리가 오르면 사람들은 안전자산인 예금으로 자산을 묶어두려 합니다. 이로 인해 시중에 유통되는 돈의 양은 점점 줄어들게 됩니다. 그뿐만 아니라, 기업으로 흘러 들어갈 돈도 줄어들게 되지요. 대출금리가 높아지니까 개인뿐만 아니라 기업도 자금을 빌리기가 어려워집니다. 빌린다고 해도 고금리를 감수해야 하죠. 대출이 어려워지니 부동산처럼 큰 거래는 자연히 줄어들겠죠? 기업의 경우 돈줄이 마르면 투자나 생산활동이 위축됩니다. 그리고 이는 고용 불안정으로도 이어져 실직자가 늘어나게 됩니다. 일반인도 지갑을 닫고 허리띠를 졸라매니 소비시장이 위축됩니다. 그에 따라 상품 가격이 낮아져 물가가 떨어지게 됩니다. 정리하면 다음과 같은 현상이 연쇄적으로 나타나는 것이에요.

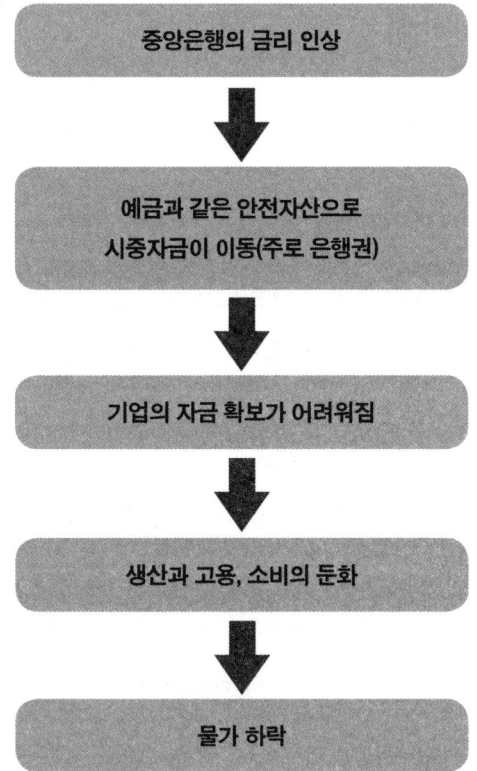

금리 인상의 파급 효과

금리가 인상되면 경제 전반에 다양한 영향을 미치게 된다. 특히 생산과 고용이 둔화되면 서민들의 지갑이 닫히고, 결국 물가 하락으로 이어진다. 이처럼 금리 조정은 경제에 무관심한 서민들도 경기를 체감하게 만드는 요인이다.

경제활동과 선택

경제는 나의 삶에 많은 영향을 미친다. 지금 다니는 직장을 믿고, 집이나 자동차를 대출받아 장만할 수도 있다. 그런데 갑자기 회사가 문을 닫거나 실직하게 된다면 어떨까? 수입은 줄어드는데 은행에 빌린 돈을 제대로 갚을 수 있을까? 올바른 경제활동의 시작은 최선의 선택에서 비롯된다. 매 순간 선택에 신중하고, 소비와 저축, 투자를 아우르는 재무적 의사결정력을 키우자!

왼쪽 그림에서 정리한 것처럼, 일반적으로는 금리가 오르면 결국 물가가 내려가는, 즉 반비례의 관계가 존재합니다. 하지만 현실에서는 금리는 올라갔는데 물가가 여전히 높은 상태를 유지하는 경우도 종종 나타납니다. 이는 경제정책, 즉 중앙은행의 금리 인상 또는 인하 결정이 실물경제에 반영되기까지 시차가 존재하기 때문입니다. 그렇기 때문에 곧바로 체감할 만한 변화를 느끼지 못하는 거죠. 나아가 산업·인구구조 변화와 기술 발달에 따라 통화정책의 파급 시기가 길어지고 파급 경로는 더욱 복잡해졌으며 그 효과도 약해진다는 분석도 있습니다.[8]

....
8. 나유리, 〈[m-커버스토리]금리인상에도 고물가 여전… 통화정책 효과 약해진 이유〉, 《metro》, 2023.07.27. 참조

Q 아버지가 대학생일 때 'IMF외환위기'로 너무 힘들었다고 하셨어요. 근데 'IMF'가 뭐예요?

국제통화기금을 말하며, 급전이 필요한 나라에 돈을 빌려주는 국제기구입니다. **A**

'IMF'는 국제통화기금(International Monetary Fund)을 줄인 말이에요. 우리나라는 1997년에 외환위기를 겪었습니다. 그때 IMF로부터 구제금융을 지원받아야 했지요. 우리나라는 1970년대부터 고속 성장 속에서 산업이 크게 부흥했습니다. 기업들은 앞다투어서 대출을 받아 사업을 확장해 나갔고, 소위 '재벌'로 불리는 기업들이 생겨났습니다. 문제는 내실을 착실히 다지기보다는 무리한 사업 확장으로 몸집만 불렸을 뿐, 자기 자본에 비해 빚이 더 많은 기업들도 넘쳐났습니다.

비슷한 시기, 동남아시아 국가들에 먼저 외환위기가 닥쳤습니다. 그러자 우리나라에 돈을 빌려준 나라와 외국 금융회사들은 불안해하기 시작했고, 투자금과 대출금을 회수하기 시작했습니다. 그해 12월 한국은행의 금고에는 외환보유액이 고작 39억 달러[9]밖에 남아 있지 않았고, 우리나라 은행은 외국 투자회사에 돈을 갚지 못해 곤란한 처지였습니다. 그래서 IMF

에서 많은 돈을 빌려야 했던 것이에요.

그런데 알고 있나요? 개인이나 기업에 대한 신용을 평가하는 것처럼 각 나라도 마찬가지입니다. 우리나라는 IMF의 지원을 받으며 국가신용도가 많이 떨어졌죠. IMF와의 합의에 따라 기업과 은행에 대한 구조 조정을 실시할 수밖에 없었고, 그 결과 많은 회사가 문을 닫으며 실업자가 쏟아져 나왔습니다. 나라와 회사뿐만 아니라 가계도 어려워졌습니다.

하지만 우리나라는 불과 4년 뒤인 2001년 8월 23일, IMF로부터의 구제금융 195억 달러를 당초 예정보다 3년가량 앞당겨 조기 상환하며 IMF 관리체제를 졸업했습니다. 하지만 그때의 뼈아픈 교훈은 아직도 선명하게 남아 있습니다. 한 나라의 금융위기가 국가 경제는 물론 개인의 삶도 얼마나 피폐하게 만드는지를 경험했으니까요.

....

9. 비교를 위해 덧붙이면 2023년 5월 말 기준으로 우리나라 외환보유액은 4,210억 달러로 세계 9위 수준이다(e-나라지표 참조). 그런데 2024년 12월, 갑작스러운 비상계엄 선포 이후 가중된 불확실성으로 인해 1달 넘게 환율 상승이 지속되기도 했다. 환율의 불안정이 지속되는 것은 경제 전반에 대단히 심각한 문제를 일으킨다. 또한 과거 다수의 신흥국에서 환율방어를 위해 외환보유액을 소진하다가 외환위기를 맞기도 했다.

투자를
시작하고 싶어요…

| 다양한 금융상품, 그중 내게 꼭 맞는 것은?

앞으로 저축과 투자는 꼭 병행해야 합니다. 이를
위해 자신에게 잘 맞는 금융상품을 선택하는 것도 재무적 의사결정
능력과 깊이 관련되지요. 그래서 지금부터 여러분의 선택에 도움을
줄 수 있도록 금융상품에 대해 알아보려고 합니다.

시중에는 생각보다 훨씬 다양한 금융상품이 존재합니다. 은행에
갔을 때 전시된 안내 책자나, 은행 홈페이지 또는 앱에 접속하기만
해도 예금이나 적금은 물론 보험, 투자와 관련된 금융상품이 얼마

나 다양한지 잘 알 수 있을 거예요. 혹시 증권회사나 보험회사 홈페이지를 방문할 기회가 있다면, 이곳에서도 다양한 금융상품이 있다는 사실을 새삼 깨닫게 될 것입니다.

이처럼 다양하고 복잡한 금융상품 중에서 각자 자신의 나이, 자산 상태, 투자 성향 등을 두루 고려하여 잘 맞는 적합한 금융상품을 선택하는 것이 중요합니다. 이를 위해서는 금융상품의 구조, 상품 특성, 상품별 위험도 등에 대한 충분한 조사가 필요합니다. 먼저 저축과 투자는 어떤 차이가 있는지 알아볼까요?

● 예금과 적금

저축의 사전적 의미를 살펴보면 "절약해서 모은다"입니다. 현재를 희생해서 미래를 대비하는 행위이지만, 위험을 감수할 필요는 없어요. 최소한 돼지저금통에 만원짜리 1장을 넣어두면 저금통을 열지 않는 한 만원짜리가 사라질 걱정도 하지 않아도 되지요. 은행에 저축하는 것도 비슷합니다.

대표적인 저축 방법인 예금이나 적금에 대해서는 잘 알고 있을 것입니다. 매우 안전한 것이 장점이에요. 특히 예금자보호법의 보장 한도 내에서는 원금과 이자의 손실 걱정을 할 필요가 없습니다. 다만 높은 수익률은 기대하기 어려운 단점이 있습니다. 특히 요즘 같은 저금리 시대에는 더더욱 그러하죠. 또한 예·적금 상품 가입 당시의 정해진 이자수익 외에는 추가 수익도 기대할 수 없습니다.

예를 들어 갑순이는 4% 이자를 주는 1년 만기 예금 상품에 천만 원을 맡겼습니다. 1년 뒤에 갑순이는 원금 천만 원과 이자 338,400 원을 받게 되지요. 왜 이자가 40만 원이 아니냐고요? 그건 이자에 대한 세금이 부과되기 때문이에요. 즉 이자 원금에서 소득세(14%)와 주민세(1.4%)가 각각 공제되어야 합니다.

$$400,000 - \{(400,000 \times 0.14)+(400,000 \times 0.014)\} = 338,400$$

위와 같이 계산하면 실질적인 이자수익률은 4%가 아닌 3.38%가 되는 것입니다. 만약 예금에 가입하고 1년 동안 물가상승률이 3.38%를 넘는다면 실질적으로는 마이너스 수익이 난 것과 다름없지요. 심지어 현재 4%짜리 예금 상품은 찾아보기도 어렵습니다. 이러한 이유로 인해 저축만으로는 좀처럼 자산이 빠르게 불어나기 어렵다 보니 사람들은 점점 더 투자에 눈을 돌리게 되는 것이지요.

● **투자**

투자의 사전적 의미는 '자본을 투여한다'입니다. 언뜻 보면 저축과 유사해 보이지만, 분명한 차이점이 있습니다. 바로 '불확실성'입니다. 투자는 미래의 가치를 위해 현재 가진 자본을 투여하는 모든 행위를 아우르지만, 저축과 달리 위험, 즉 불확실성을 감수해야 하기 때문이죠. 즉 투자원금의 손실 위험 가능성을 감수하고 돈을 투여하는 것이므로 위험(투자원금의 손실 가능성)과 기대수익의 관계 측면에서 저축과 구분됩니다.

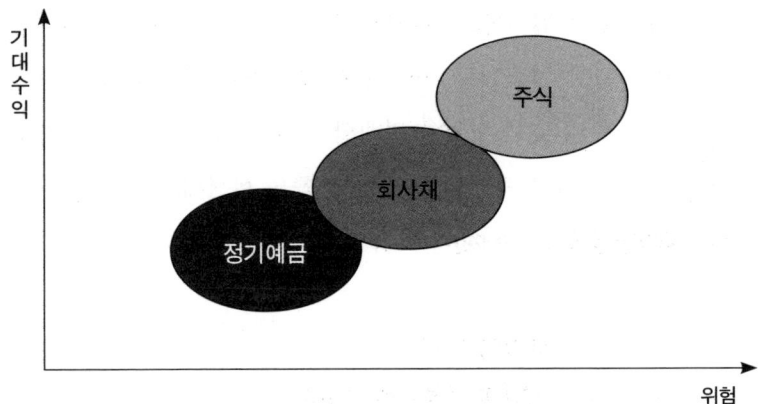

기대수익과 위험 간의 관계

일반적으로 기대수익이 높을수록 위험도도 함께 높아진다. 이를 다른 말로 하이리스크-하이 리턴으로 표현한다.

그리고 투자는 일반적으로 위험을 감수할수록 기대수익이 더 높아 집니다. 투자업계에서는 **하이 리스크- 하이 리턴(High risk, High return)**[10] 이라는 말을 자주 합니다. 기대수익이 높은 투자일수록 원금에 손 해가 날 가능성도 높다는 뜻이지요. 다시 말해, 위험은 아주 낮으면 서 고수익을 가져다주는 투자상품은 거의 없다고 볼 수 있습니다. 이러한 원리에 따르면 저축은 위험이 낮은 만큼 기대수익이 낮은 반면 주식이나 부동산 투자는 위험부담이 큰 만큼 기대수익이 높은 것입니다. 참고로 기대수익이 높다는 말은 기대손실의 가능성도 비 슷하게 존재한다는 뜻입니다. 위의 그래프는 위험과 기대수익 간의

....

10. 위험이 더 큰 자산에 투자할수록 안전한 투자 대비 이익과 손실이 발생할 경우 그 크기가 더 크다.

관계를 나타낸 것입니다. 그래프를 보면 예금은 가장 안전하지만, 기대수익은 가장 낮습니다. 예금에서 주식으로 갈수록 위험을 감수하는 대신에 더 높은 수익을 기대할 수 있죠. 다시 말해 수익률과 위험은 둘 중 하나를 추구하면 다른 한쪽을 희생해야 하는 관계로, 이를 **트레이드오프(Trade-off)**라고 합니다.

투자와 투기, 어떻게 구분하면 좋을까?

앞에서 다양한 화폐들을 살펴보면서 비트코인에 대해서도 알아보았습니다. 비트코인의 화폐 기능을 가로막는 가장 큰 걸림돌은 바로 변동성이 너무 큰 점이었죠. 투자자한테는 대단히 매력적이지만, 화폐로서는 물음표일 수밖에 없으니까요. 그런데 이러한 변동성은 비트코인에 대한 투자와 투기의 경계를 모호하게 만들기도 합니다. 아무런 후속 대책도 없이 빚까지 내가면서 마치 불나방처럼 투자에 뛰어들게 만드니까요.

비트코인의 사례가 아니라도 현실에서 투자와 투기를 딱 잘라 구분하는 것은 쉽지 않습니다. 명확한 정의가 존재하거나 두 가지를 구분하는 명백한 경계가 있는 것은 아니기 때문입니다. 그럼에도 불구하고 여기에서는 투자와 투기를 구분해 보려고 합니다. 그 이유는 일반 투자자로 하여금 투기적인 거래가 위험하다는 것을 큰 손실을 경험하지 않고 사전에 인지하게 하여 투자자가 처한 상황에 적합한 투자를 하도록 유도하기 위해서입니다.

세상에는 주식에 대해서도 '투기'로 규정하며, 사행성 도박과 다를 바 없다고 생각하는 사람도 있습니다. 대단히 조심스러운 성격이라고 할 수도 있겠지만, 그보다는 올바른 투자 개념을 알고 있지 못한 사람이거나, 주변에서 주식투자를 하다가 큰 손해를 입었거나, 아예 중독 증세에 빠져서 생계에 지장을 받는 사례를 접했기 때문일 것이에요. 하지만 이러한 경우는 투자의 본질에서 이탈했기 때문에 벌어진 일입니다.

투자는 가능한 모든 정보를 **수집**하고 **분석**하여 투자 대상을 신중하게 **선택**하는 것이 중요하며, 투자는 각자의 자산상태, 나이, 투자 성향 등을 모두 고려하여 적절한 투자 대상을 선택하고 집행하는 모든 행위를 아우릅니다. 따라서 현명한 투자자라면 이 모든 행위에 대해 신중하게 재무적 의사결정을 내려야 합니다.

반면 투기는 이런 일련의 과정이 누락됩니다. 즉 뜬소문에 현혹된다거나, 정보가 부족하거나 전혀 없는 상태임에도 막연히 일확천금을 바라며 충동적으로 투자를 결정하고 실행하는 것이에요. 특히 투기는 투자보다 훨씬 더 단기적이고 불확실성이 높은 이득을 추구하는 경향이 있습니다. 심한 경우 몇 시간 만에 가격이 오를 것을 기대하여 주식을 매매하거나, 거주 목적이 아닌 개발 호재와 같은 시세 급등만을 노리고 단기적인 차익 실현을 위해 부동산을 매매하는 것은 모두 투기로 볼 수 있습니다.

투기가 투자보다 단기적인 시세를 노리고 실행되는 이유는 정보

수집이나 정확한 분석 등에 기반한 합리적인 의사결정이 아니라 소문, 운, 충동 등에 기대기 때문입니다. 투자 대상에 대한 분석이 부족한 상태에서는 가격이 올라도 왜 올랐는지 알 수 없고, 반대로 가격이 하락해도 그 이유를 알 수 없지요.

물론 정보와 분석에 기반한 투자도 어느 정도의 불확실성은 감수해야 합니다. 하지만 투기는 훨씬 더 짙은 안갯속에 머무는 것과 비슷합니다. 한 치 앞을 볼 수 없으니 불안한 마음도 걷잡을 수 없지요. 정상적인 생활이 어려울 만큼 하루 종일 시세만 지켜보기도 합니다. 더 나쁜 것은 어느 정도 수익 또는 손실이 났을 때 매도해야 적정 이익을 실현하거나, 반대로 손실을 제한할 수 있는지를 제대로 판단할 수 없는 점입니다. 이런 식으로 원칙 없이 감에 의존한 투자는 종종 돌이킬 수 없는 큰 손실로 이어질 확률이 높습니다.

불법 도박판을 예로 들어 주식투자와 비교해 볼게요. 우선 불법 도박판을 찾은 갬블러들은 대체로 크게 한탕 하기를 기대합니다. 도박도 확률 게임이라며 게임의 참여자가 이득을 볼 수도 있지만, 그 확률은 지극히 낮죠. 심한 경우 게임 참여자에게 무조건 불리하도록 판이 설계되기도 하다 보니 가진 돈만 모조리 탕진할 수도 있습니다. 그럼에도 순전히 일말의 운에 기대며 '이번 딱 한 번만' 하면서 또다시 도박장을 찾는 것입니다. 주식투자도 마찬가지입니다. 해당 기업에 대해 아무것도 모르는 상태에서 그저 '카더라' 하는 소문에 기대어 막연히 돈벼락을 바라며 주식을 왕창 사버린다면 어떨까요? 그건 불법 도박판에 뛰어든 도박중독자와 다름없는 무모

#카더라식_투자는_#도박과_마찬가지다!

한 투기로 간주할 수 있겠죠.

올바른 분석에 기초한 주식투자는 다릅니다. 영업이익, 당기순이익, 영업이익률, 당기순이익률 등 공시된 기업 정보는 기본적으로 꼼꼼하게 확인하고, 향후 성장 가능성을 예측해서 투자하는 것이기 때문입니다. 이런 점 때문에 결과적으로 우량기업일수록 많은 돈이 계속해서 들어오는 구조가 만들어지는 것입니다.

그러니까 여러분도 혹시 주식투자를 시작하고 싶다면 이 점을 잊지 마세요. 기업의 영업실적과 주가의 움직임을 분석한 데이터를 바탕으로 이루어져야 한다는 것을요. 기업에 대한 정보 분석과 예측에 근거한 자료를 바탕으로 미래 성장이 기대되는 회사를 잘 선택하기를 바랍니다.

또한 분석을 아무리 꼼꼼하게 했다고 해도 전 재산을 거는 투자는 도박과 다르지 않습니다. 때론 '이번에 안 되면 진짜 끝이다!'라는 생각으로 전 재산을 끌어모으는 사람이 있습니다. 하지만 이런 생각은 이미 그 자체로 투기입니다. 합리적인 판단이 아닌 중독 증상에 의해 불확실한 미래에, 자신의 미래를 송두리째 집어던지는 것과 다르지 않기 때문이죠. 또 무리해서 빚을 지는 등 금전적 여유가 없는 상태에서의 투자도 판단력을 흐리게 하므로 위험합니다. 투자란 수익과 손실을 동시에 염두하고 시작하는 것으로 소위 배수의 진을 치는 무모한 투자는 자칫 돌이킬 수 없는 파탄으로 이어질 수 있습니다. 자신이 처한 상황을 두루 살피며 신중하게 선택하는 것이 그만큼 중요합니다.

현명한 투자를 위해 꼭 기억해야 할 것들

　　현대 사회에서 돈은 결코 무시할 수 없는 큰 힘을 가집니다. 투자 실패로 많은 돈을 잃으면 그만큼 큰 타격을 입게 되지요. 그래서 더더욱 투자는 신중해야 하는 것입니다. 그렇다면 투자할 때는 무엇을 고려해야 할까요? 꼭 기억하면 좋을 것 몇 가지만 정리하면 다음과 같습니다.

　　첫째, 자신의 **경제 상황을 잘 파악**해야 합니다. 아직 청소년인 여러분은 일정한 금액의 소득이 없기 때문에 본격적으로 투자를 시작한 경우가 많지 않을 것입니다. 투자는 자신의 현재 재산 상황, 미래의 예상 소득, 합리적으로 기대하는 수익률, 감내할 수 있는 손실의 수준 등을 종합적으로 고려하여 투자 금액, 투자 대상, 투자 기간을 결정해야 합니다.

　　둘째, 자산의 특성을 잘 알아야 합니다. 자산이 가지고 있는 특성은 일반적으로 안전성, 수익성, 유동성 3가지의 조합으로 나타낼 수 있습니다. **안전성**은 자산의 가치가 온전히 보전되는 정도를 말합니다. 가장 안전한 자산은 무엇일까요? 바로 현금입니다. 은행 예금은 은행이 망하는 아주 낮은 확률을 배제하면 현금과 다름없이 안전한 자산이겠죠. 반대로 가격 변동성이 클수록 안전성은 떨어집니다. 예컨대 주식이나 부동산 등은 가격이 크게 오를 수도 있지만 반대로 크게 떨어질 수도 있기 때문에 안전성이 떨어지는 대표적인 자산이라고 할 수 있죠.

#소중한_나의_#미래를_위해_#재무적_의사결정력을_키우자!

수익성은 자산으로부터 얼마나 큰 수익이 발생하는지에 대한 척도입니다. 앞에서 위험과 기대수익률 간의 관계에 대한 설명을 떠올린다면 주식과 은행 예금의 평균적인 수익률 비교에서 주식이 더 높다는 것을 알 수 있습니다. 합리적인 투자자라면 더 위험한 자산에 더 높은 수익성을 요구하는 것이 당연한 이치입니다.

유동성은 자산을 얼마나 빨리, 얼마나 적은 거래비용을 들여서 현금화할 수 있는지를 말합니다. 예금은 원할 때 곧바로 인출이 가능하니 유동성이 높다고 할 수 있습니다. 주식은 거래가 활발한 대형 주식의 경우 매수 희망자도 많아 어렵지 않게 현금화할 수 있어 어느 정도 유동성이 확보됩니다. 반면 거래량이 아주 작은 주식이라면 대형 주식만큼 신속한 매매가 어렵다 보니 유동성은 낮은 편이지요. 또한 규모가 큰 부동산도 상대적으로 현금화하는 데는 시간이 걸리므로 유동성은 낮은 편입니다.

위의 세 가지 특성 중 안전성과 수익성은 반비례 관계를 나타냅니다. 안전하면서 수익성도 높은 자산은 존재하지 않으며, 이에 더해 유동성까지 생각한다면 자신에게 맞는 자산을 선택하기 위해서는 자신의 경제 상황은 물론 금융상품에 대해 잘 알고 있어야 합니다. 이 모든 것들에 대한 선택은 결국 스스로의 몫입니다. 상황에 맞게 지혜롭게 판단할 수 있는 능력이 중요한데, 이것이 바로 소비, 저축, 투자를 아우르는 재무적 의사결정력이에요. 이러한 역량은 하루아침에 형성되는 것이 아닌 만큼 어릴 때부터 장기적인 안목으로 꾸준히 훈련해 나가는 것이 중요합니다.

직접투자와 간접투자

이번에는 투자하는 방법에 대해 알아봅시다. 투자 방법은 크게 **직접투자**와 **간접투자**로 나눌 수 있어요. 먼저 직접투자는 투자자 스스로 분석하여 내린 투자 결정에 따라 선정한 투자 대상에 직접 투자하는 방식을 말합니다. 쉽게 말해 원하는 주식이나 채권을 직접 골라서 사는 방식이에요. 주식이나 채권의 가격 상승으로 인한 수익, 반대로 가격 하락으로 인한 손실도 당연히 직접 감당합니다. 매수한 주식의 배당금, 채권의 이자 등도 투자자가 직접 획득하는 방식이지요.

반면 간접투자는 투자자와 투자상품(투자 대상) 사이에 금융기관이 개입하는 방식입니다. 예컨대 은행, 증권사, 자산운용사, 보험사와 같은 전문적인 금융기관이 운용하는 투자상품에 가입하여 간접적으로 투자하게 되는 것입니다.

간접투자상품은 금융기관이 다수의 투자자로부터 자금을 모아서 펀드를 만들고, 이 펀드로 돈을 맡긴 투자자들을 대신하여 여러 가지의 주식, 채권 등에 투자하고 여기에서 얻은 수익을 펀드 투자자에게 배분하는 형태로 이루어집니다.

직접투자와 간접투자를 비교해 보면, 간접투자가 여러 가지 측면에서 장점이 있습니다. 여기에서는 주로 소액 투자를 가정했을 때, 직접투자에 비해 간접투자가 가진 장점을 중심으로 설명하겠습니다(두 방식의 간단한 장단점 비교는 오른쪽 표 참조).

직접투자와 간접투자의 비교

구분	직접투자	간접투자
방법	· 자신이 원하는 종목을 직접 사고파는 것 · 증권사 종합계좌 가입 · 은행 주식거래저축예금 가입	· 본인의 성향에 맞는 펀드 유형 결정 (주식형, 채권형, 혼합형 등) · 상품운용주체(투신, 자산운용사, 투자자문사) 선정
장점	· 매매시점 및 종목 선택 적중시 단기 고수익 가능 · 저렴한 거래비용	· 자산운용 전문가를 간접적으로 고용하는 효과 · 포트폴리오를 통한 분산투자 효과 극대화
단점	· 종목 선택을 위한 정보분석 능력 미흡 (개인투자자의 경우) · 상당한 수준의 경제적 식견과 실제 경험이 필요 · 포트폴리오를 통한 분산투자 효과를 기대하기 어려움	· 운용자의 선택에 따라 수익률 편차 발생 · 거래비용(선취 판매 수수료, 판매 보수 등)이 높은 편

● 소액으로 여러 기업에 투자할 수 있다

예를 들어 우리나라 주식시장에 상장된 대형주 200개 주식을 각각 한 주씩만 매수한다고 가정해도 적지 않은 초기투자 자금이 필요할 거예요. 그런데 대형주 200개로 구성된 코스피 200지수에 투자하는 펀드라면 단 몇만 원만으로도 손쉽게 시작할 수가 있습니다.[11]

....
11. 물론 단주 거래가 가능하기 때문에 소액으로도 직접투자는 가능하다. 다만 이것은 상대적 비교를 위한 예시임을 감안하자.

● **직접투자보다 투자위험을 줄일 수 있다**

직접투자를 위해서는 투자자 개개인이 투자상품에 상당한 전문지식을 가지고 경제와 금융시장 상황을 모니터링하고 분석해야 하는 등 스스로 많은 시간을 들여 노력이 필요합니다. 반면 간접투자는 펀드매니저와 같은 경험이 풍부한 투자 전문가들이 일정 부분 대신해 주는 것이나 마찬가지기 때문입니다.

● **다양한 금융상품에 투자할 수 있다**

소액 투자를 가정할 때, 직접투자는 투자할 수 있는 기업이 다소 제한적일 수밖에 없습니다. 반면 펀드는 주식이나 채권, 파생 상품 등 좀 더 다양한 투자상품군에 투자할 수 있죠. 그뿐만 아니라 하나의 금융상품이라도 많은 종목으로 분산투자된 경우도 있기 때문에 좀 더 위험은 낮추고 안정적인 수익률을 기대해 볼 수 있습니다.

물론 간접투자는 직접투자를 할 때에는 발생하지 않는 펀드투자 수수료를 지급해야 한다는 점이 있습니다. 하지만 수수료를 무조건 아깝게 여기기보다는 투자에 대한 이해를 넓히는 데 도움을 받는 일종의 수업료로 이해해도 좋겠습니다. 처음 투자를 시작하는 일반 투자자는 투자에 대한 전문성이 떨어지므로 간접투자로 입문하여 조금씩 점차 투자에 대한 감을 잡아가는 것도 좋은 방법이니까요. 따라서 막연한 소문에 의존하는 직접투자보다는 좀 더 안전하다고 할 수 있습니다.

금융상품의 종류를 알아보자!

이번에는 다양한 금융상품들에 관해 살펴볼까요? 금융상품을 구분하는 기준은 여러 가지가 있습니다. 먼저 원금손실 가능성 유무에 따라 구분해 볼까요? 원금손실이 없는 대표적인 금융상품으로는 예금과 적금이 있지요. 한편 원금손실 가능성이 있는 금융상품으로는 크게 주식과 채권, 펀드로 나눌 수 있습니다(아래 표 참조). 이 장은 '투자'에 관해 다루고 있고, 예금과 적금의 경우 앞서 2장 '저축'에서 충분히 설명했던 만큼 여기에서는 원금손실 가능성이 있는 금융상품을 중심으로 알아볼 것이에요.

원금손실에 따른 금융상품의 구분

원금손실 가능성	상품분류	상품개요
원금손실 없음	예금	일정한 금액의 돈(목돈)을 일정한 계약 기간 동안 맡겨두고 이자를 받음
	적금	목돈을 운용하기 위하여 계약기간 동안 일정한 금액 또는 자유적립 금액을 불입하고 이자를 받음
원금손실 가능	주식	특정 회사에 자금을 투자하는 것으로서 회사의 주주가 되는 것. 주식 보유자는 시세차익과 배당 수익을 얻음
	채권	국가, 공기업, 금융회사, 기업 등에 돈을 빌려주고 채권자가 되는 것. 채권 보유자는 약속된 이자를 받으며 만기 전에 매매할 경우 시세차익도 가능
	펀드	여러 투자자의 돈을 모아 투자상품에 대신 투자하고 그 수익금을 투자자들에게 나눠주는 간접투자기구

증거증권과 유가증권

증거증권	차용 증서, 운송장, 수취 증서 따위와 같이 재산법에서 어떤 사실을 기재하여 그 권리 의무 관계를 증명하는 증서로서 권리를 증명하는 정도에 불과하기 때문에 증명증서라고도 함
유가증권	법적으로 재산권 증권으로 크게 상품증권, 화폐증권, 자본증권으로 분류할 수 있습니다. 주식과 채권이 유가증권 중 자본증권의 대표적인 증권입니다. 한편 펀드에 투자한 투자자의 펀드 손익에 대한 권리를 표시한 수익증권 또한 유가증권에 포함됨

참! 주식과 채권, 펀드에 관해 알아보기 전에 주식과 증권을 같은 말로 생각하는 사람이 있어서 '증권'이라는 개념을 잠깐 짚어볼게요. 증권은 재산에 대한 권리와 의무를 나타낸 증서를 포괄적으로 일컫습니다. 주권(주식), 채권, 어음, 수표 등 법적인 재산권을 표시한 증서를 통틀어 증권이라고 하는 거죠. 증권은 다시 증거증권과 유가증권으로 나눌 수 있어요(자세한 내용은 위의 표 참조). 그러면 주식부터 알아볼까요?

● 주식

주식을 이해하려면 먼저 '주식회사'에 대해 알아야 하겠죠? 주식의 발행을 통하여 여러 사람으로부터 자본을 조달받는 회사를 말합니다. 주식회사가 경영 자본을 조달하기 위해 투자자로부터 돈을 받고 발행하는 증서가 바로 주식이지요. 따라서 어떤 주식회사의 주식을 샀다면 투자자는 자신이 보유한 주식만큼 회사의 지분을 소유

보통주와 우선주

보통주	• 의결권이 있는 주식 • 배당금은 우선주에 비해 더 적고 주가는 더 비싸다 • 거래량이 우선주보다 많고, 주가의 상승과 하락폭도 더 큰 편이다
우선주	• 의결권이 없는 주식 • 배당금은 보통주보다 많고, 주가는 더 싸다 • 거래량이 보통주에 비해 적고, 주가의 상승과 하락폭이 보통주 대비 상대적 으로 작은 편이다

하는 것과 같습니다.

주식을 보유한 사람을 '주주(株主)'라고 해요. 주주의 한자에서 짐작할 수 있는 것처럼 회사의 주인 중 한 사람으로서 직·간접적으로 회사의 경영에 참여하는 셈입니다. 즉 주식을 삼으로써 회사의 전략과 경영에 관련된 중요한 의사결정에 참여할 수 있는 의결권을 갖게 되는 거죠. 하지만 이는 '보통주'에 해당하며, '우선주'의 경우는 의결권을 갖지 않습니다. 보통주와 우선주에 관해서는 뒤에서 좀 더 들여다볼 기회가 있겠지만, 우선 위의 표에 간략히 정리된 내용을 참고하세요

주주는 투자한 회사에 대한 권리와 의무를 동시에 지게 됩니다. 예컨대 은행에 돈을 맡기면 원금에 대한 보호를 받는 예금자와 달리 주주는 자신이 투자한 회사가 파산하는 경우 그에 대한 책임을 일부 감수해야 한다는 뜻이에요. 좀 더 구체적으로 주주는 소유한 주식만큼 출자의무가 있어서 투자한 회사가 파산할 경우 자신이 가

진 주식만큼의 손해를 보게 되는 것입니다. 다만 주주로서의 책임은 유한합니다. 즉 회사의 모든 손실에 대해 주주들에게 연대책임을 묻지는 않는다는 뜻이에요. 오직 투자한 만큼 손해를 볼 뿐, 그 이상의 추가 부담은 지지 않는 것을 **주주 유한책임의 원칙**이라고 합니다.

또 주식회사는 회사 경영을 통해 얻은 수익의 일정 부분을 투자 지분에 따라 투자자들에게 나눠줍니다. 이를 **배당**이라고 합니다. 배당수익 외에도 회사의 경영성과 또는 국내외 경제 여건 변화에 따라 주식가격이 등락하고 이에 따라 시세차익 또는 손실을 입을 수도 있습니다. 주식의 가격이 시시각각 오르내리기 때문에 주식은 가격 변동에 따른 위험성이 매우 큰 금융상품에 해당됩니다. 따라서 앞에서도 강조했지만, 주식에 투자할 때는 해당 기업의 정보를 수집하여 수익 타당성을 충분히 검토한 후 신중하게 투자를 결정하는 것이 바람직합니다.

● 채권

국가, 지방 자치 단체, 은행, 기업 등이 불특정 다수의 투자자로부터 필요한 자금을 차입, 즉 빌리기 위하여 발행하는 유가증권을 말합니다. 채권의 종류로는 국채, 공채, (회)사채, 지방채 따위가 있지요. '차입'이라는 표현에서 짐작할 수 있는 것처럼 정해진 조건과 일정에 따라 일정한 이자 지급과 원금 상환을 약속하고 돈을 빌린 후 발행하는 증서입니다.

즉 채권은 상환 금액과 만기가 정해져 있는 점에서 주식과 뚜렷

한 차이가 있습니다. 또 채권의 발행 주체는 주로 정부나 공공기관, 대기업과 같은 신용도가 높은 곳들이므로 주식에 비해 비교적 안전성이 높습니다.

채권투자자는 정기적인 이자수익을 얻을 뿐만 아니라 금리 하락에 따라 채권가격이 상승할 경우 주식처럼 유통시장에서 매매하여 시세차익을 거두는 것도 가능합니다. 비록 채권이 주식에 비해 안정적이기는 하지만, 투자 원금을 100% 보장받을 수 있는 것은 아닙니다. 채권 발행자가 파산한다면 주식과 마찬가지로 투자금을 모두

채권 vs 주식

	채권	주식
정의	• 기업, 정부, 공공기관 등이 자금 조달을 위해 발행한 유가증권	• 기업이 필요한 자금 조달을 위해 IPO(Initial Public Offering: 기업공개)를 통해 주식시장에 상장하여 발행한 유가증권
특징	미리 정해진 이자지급일과 만기일에 확정이자를 지급한다는 측면에서 예금과 비슷하지만, 만기 전 발행 주체가 파산하는 경우 투자금의 상당 부분을 회수할 수 없는 측면에서 주식과 유사	만기라는 것이 존재하지 않고, 주주의 필요에 따라 주식을 거래할 수 있음
종류	발행주체에 따라 회사채, 국채, 지방채 등으로 나뉨	우선주와 보통주로 나뉨
수익	만기때까지 미리 정해진 확정이자를 매 이자지급일에 지급	매매거래를 통한 시세차익과 배당금

잃을 가능성도 배제할 수 없으니까요. 채권의 가격은 시장 금리나 채권 시장의 수급 상황 등에 따라 바뀌지만, 채권을 보유하면 발행 기관에서 약속한 이자를 정기적으로 받을 수 있고, 만기 전이라도 필요에 따라 현금화할 수 있는 장점이 있습니다. 237쪽에도 주식과 채권의 차이를 간략하게 표로 정리해 보았습니다.

● 펀드

펀드는 자신이 직접 주식이나 채권 등에 투자하는 직접투자와 달리 전문적인 자산운용기관이 다수의 투자자로부터 모은 자금을 주식이나 채권, 부동산 등에 투자하여 그 수익을 투자자에게 투자액의 비율에 따라 분배하는 간접투자 상품입니다. 크게 공모펀드와 사모펀드로 나눌 수 있지요. 둘의 가장 큰 차이는 '공개' 여부입니다. 불특정 다수에 대해 투자의 기회를 오픈, 즉 공개하는 형태가 공모펀드이지요. 누구에게나 공개되는 만큼 금융당국에 펀드 약관을 보고해야 합니다. 또 성과보고서의 공개 의무가 있는 등 공모펀드에 대한 규제는 엄격히 마련된 편이에요. 이런 규제는 초보투자자들이 입을 수 있는 큰 피해의 예방을 위한 조치이기도 합니다.

한편 사모펀드의 경우는 사적으로 모집된 소수의 투자자들에게만 돈을 모으는 방식이에요. 투자자 수가 100인 이내로 제한됩니다. 공모펀드와 달리 약관이나 성과에 대해 금융당국에 보고할 필요가 없고, 투자 대상이나 투자 기간 등에 대한 제한도 따로 없이 운영할 수 있다 보니 고수익·고위험 상품도 많지만, 그만큼 일반인

투자는 재무적 의사결정력을 키워 신중하게!

투자한 돈을 모두 날려도 아무렇지 않다고 생각하는 투자자는 없을 것이다. 그만큼 투자자의 마음 저변에는 수익에 대한 기대감이 깔려 있다. 특히 많은 투자자들이 미래에 좀 더 여유로운 삶을 꿈꾸며 투자한다.

그런데 투자하는 기간에 따라 수익에 대한 기대도 달라진다. 단기 투자자의 경우 짧은 기간에 이익을 얻기를 바란다. 그와 달리 노후 대비처럼 시간적 여유를 두고 장기적인 안목에서 투자를 하는 장기투자자도 있다. 요즘처럼 불확실성이 짙은 때는 단기투자에 매몰되는 경우가 많은데, 이런 때일수록 오히려 안전적인 장기투자로 불확실성을 낮추는 지혜가 필요하다. 특히 복리 효과를 통해 수익을 극대화할 수 있기 때문이다.

그렇다면 장기투자를 염두에 두었을 때는 어떤 주식에 투자하는 것이 좋을까? 투자에 정답은 없지만, 기본적인 내용으로 몇 가지만 정리하면 다음과 같다.

> 첫째, 누구나 알고 있는 기업에 투자하는 것이 좋다.
> 둘째, 경쟁자가 없을 정도로 독점적인 기업이 좋다.
> 셋째, 미래가치를 염두에 두고 혁신 기업에 투자하는 것이 좋다.
> 넷째, 내가 자주 쓰는 물건을 만드는 기업에 투자하는 것이 좋다.

주식투자는 자신이 선택한 기업과 일종의 파트너십을 맺는 것과 다르지 않다. 아무하고나 동반자 관계를 맺고 싶은 사람은 없지 않을까? 주식투자도 비슷한 마음으로 임했으면 한다. 오랫동안 함께할 수 있는지 꼼꼼하게 따져봐야 한다는 뜻이다. 투자에 원칙을 세우고, 자신의 원칙과 기업을 비교해 본 다음 투자하는 것이 좋다.

이 알기 어려운 고급 정보가 공유되기도 합니다.

펀드는 기본적으로 투자 전문가가 어려운 투자분석을 대신해 준다는 장점이 있습니다. 개인의 소액자금으로는 하기 힘든 분산투자를 통해 위험 분산 효과를 누릴 수 있다는 것 또한 장점이지요. 그러나 자산운용 결과에 따라 투자원금에 손실이 발생할 수 있습니다. 특히 좀 전에 설명한 사모펀드의 경우 고수익기업투자로 좀 더 높은 위험을 감수하기도 합니다. 큰 손실이 나도 손실의 책임은 결국 펀드에 가입한 투자자 본인이 감당해야 합니다. 따라서 펀드 투자자는 투자를 결정하기 전에 펀드의 성격, 투자 위험, 자금인출 제한 및 운용 수수료 등에 대해 꼼꼼히 확인해야 하며, 투자한 종목에 대해서도 지속적인 관심을 기울여야 합니다.

주식의 종류에는 무엇이 있나요?

방금 주식과 채권, 펀드에 관해 간략하게 알아보았어요. 뒤에 이어지는 이야기에서 주식투자 실전에 관해 다룰 것인데, 그 전에 주식에 관해서 좀 더 자세히 알아보기로 해요. 주식에 투자하려는 이유는 여러 가지가 있겠지만 가장 큰 이유는 가진 돈을 불리고 싶은 마음 때문입니다. 그런데 주식을 가지고 있다는 것은 내가 소유한 주식의 기업에 대한 권한을 가진다는 의미도 됩니다. 왜냐하면 주주가 가진 가장 큰 권리는 기업 경영에 의사결정자로 참여할 수 있는 의결권과 이익배당청구권이니까요. 하지만 또 모든 주주가 의결권을 가진 것은 아니죠.

의결권의 경우 회사 주식을 가장 많이 가지고 있는 주주(대주주)의 영향력이 당연히 가장 큽니다. 지분율이 낮은 소액주주(발행주식 총수의 1% 미만을 소유한 주주)의 경우에는 상대적으로 영향력이 미미할 수밖에 없습니다. 이익배당청구권의 경우도 회사가 배당을 하기로 결정한 총액에 대하여 지분만큼 받을 수 있는 권리입니다. 다만 회사가 이익을 내지 못하면 대주주나 소액주주 모두 배당을 받지 못할 수도 있습니다. 이제부터 배당이나 의결권은 물론, 좀 더 다양한 기준에서 주식의 종류들을 살펴볼까요?

● **보통주와 우선주: 의결권이냐 배당이냐 그것이 문제로다**

조금 전 설명과 235쪽 표에서도 보통주와 우선주를 간략히 비교했지만, 여기에서 좀 더 자세히 알아볼게요. 우리가 일반적으로 주식이라고 말할 때는 보통주(Common Stock)를 일컫습니다. 보통선거가 1인 1투표권을 말하는 것처럼 보통주는 주주 평등의 원칙(1주 1의결권)에 따라 의결권이 주어지며, 보유한 주식 수에 비례해서 배당을 받습니다. 한편 우선주는 의결권이 없다는 점에서 보통주와 가장 큰 차이점이 있습니다.

실제로 보통주를 가지고 있으면 배당을 받을 권리와 함께 주주총회에서 투표할 권리도 갖게 됩니다. 예컨대 소액 주주라도 일정한 요건을 충족시킨다는 전제로 총회소집의 권한이 인정되고, 회사 측에 자신들의 의사를 반영할 기회도 가질 수 있지요. 하지만 우선주만 가지고 있다면 오직 배당을 받을 권리만 주어질 뿐, 의결권은 가질 수 없습니다. 보통주는 의결권과 배당을 모두 얻을 수 있고, 우선주는 배당만 받을 수 있다는 점만 본다면 누가 우선주를 사겠냐 싶겠지만, 우선주도 장점이 있습니다. 일단 보통주보다 우선주를 갖고 있는 경우 배당을 더 많이 받을 수 있습니다. 좀 더 구체적으로 살펴보면 배당기준일 주식의 가격이 10,000원인 회사가 있다고 합시다. 이때, 보통주의 배당률이 4%라면 우선주는 통상 1% 정도를 더 주기 때문에 약 5% 정도이지요. 따라서 연말 배당금으로 보통주 1주당 400원을 지급한다면 우선주를 보유한 주주의 경우 1주당 500원의 배당금을 받게 되는 것이에요. 여기에서 1%의 배당률 차이, 즉 1주당 100원의 배당금을 더 받는 것은 의결권이 없는 주식을 선택한 기회비용에 대한 보상이라고 볼 수 있습니다.

그것 말고도 우선주에는 또 다른 혜택이 있습니다. 앞에서도 만약 회사가 망한다면 투자한 주식에 대해 손해를 감수해야 한다고 했죠? 때론 주식이 휴지 조각이 되기도 하지요. 만약 우선주만 갖고 있다면 잔여재산 청구권에서 보통주보다 유리합니다. 즉 회사가 발행한 채권자에게 먼저 분배하고 남은 잔여재산에 대한 청구권이 보통주보다 앞선다는 뜻이에요. 남은 재산을 분배받을 시 보통주 주주보다 먼저 받을 수 있는 유리함이 있습니다.

기업이 우선주를 발행하는 이유는 자금은 필요한데 주주가 의결권을 행사해서 회사 경영에 참여하는 것을 피하고 싶기 때문이겠죠? 또 투자자의 입장에서도 소액 투자자는 대체로 보유할 수 있는 주식의 수가 너무 적고, 지분율도 지극히 낮습니다. 이런 경우 기업의 의사결정에 자신의 의견을 제대로 반영시킨다는 것은 현실적으로 불가능에 가깝죠. 따라서 경제적으로 보통주보다 이득인 우선주에 눈을 돌리는 것입니다. 우선주의 경우 등락폭이 보통주에 비해 안정적이지만, 보통주에 비해 거래량이 많지 않습니다. 그래서 매수 또는 매도 거래 체결에 다소 어려움을 겪을 수도 있습니다.

● 공모주와 사모주: 공개적으로 아니면 끼리끼리 은밀하게

앞에서 공모펀드와 사모펀드를 짧게 비교해 보았죠? 공모(公募)와 사모(私募)란 주식투자자를 모집하는 방법에서 구분되어 나온 용어입니다. 즉 투자자를 공개적으로 모집하느냐, 아니면 사적으로 모집하느냐의 차이죠.

공모주는 공개적으로 불특정 다수의 일반인과 전문가를 투자자로 모집하여 발행하는 주식을 말합니다. 한편 사모주는 일반인 투자자가 아닌 특정 단체나, 사람, 혹은 소수의 집단을 사전에 정하고 그들로 하여금 인수하게 하는 주식을 말하지요. 앞서 소개한 '사모펀드'를 기억하지요? 여기에서 사모의 대상은 크게 전문가와 연고자로 나뉩니다. 전문가의 종류에는 전문투자자, 회계법인, 신용평가회사, 회사에 직접적인 자문을 하고 있는 변호사, 회계사 등의 자격전문가들, 중소기업 창업투자회사 등이 있습니다. 연고자의 종류에는 최대주주 혹은 지분율 5% 이상 소유 주주, 우리사주조합원, 주식발행기업과 계열사의 임원 등이 있습니다.

이번에는 절차에 관해서 살펴볼까요? 다만 사모방식의 경우는 소수를 대상으로 한 비공개 절차이므로 여기에서는 공모주만을 들여다보겠습니다. 여러분도 기업공개 혹은 IPO(Initial Public Offering)란 말을 들어보았을 것이에요. 증권시장에 상장하는 기업이 불특정 다수를 상대로 공개적으로 주주를 모집하는 것을 '공모'라 하고, 그때 발행하는 주식이 공모주입니다. 투자자가 공모주를 사겠다고 신청하는 것을 공모주청약이라고 합니다. 공모주청약은 공모주의 주주가 되기 위한 절차죠. 공모주청약을 할 때 기업들은 의무적으로 기업공개(IPO: 주식 및 주가 정보와 경영 내역 공개)를 하여 자사 주식을 주식시장에 실질적으로 등록합니다. 이러한 청약을 통해 기업이 주식을 나누어주는 것을 공모주 배정이라 하죠.

여기에도 희소성의 원칙이 적용됩니다. 발행하려는 주식의 수는 한정되어 있으므로 사려는 사람이 많을수록 배당되는 주식의 희소성은 높아집니다. 배당받을 수 있는 주식 수는 당연히 줄어들고, 아예 1주도 배당받지 못할 수도 있겠죠?

기업이 공모주를 발행하는 이유는 주주층을 넓힘으로써 주식 소유 구조를 분산하여 시장 유동성을 높이고, 재무제표상 자본금을 조정하기 위해서입니다. 특히 유망한 기업일수록 공모주청약에 많은 사람들이 몰려듭니다. 또 일반적으로는 공모주 발행가, 즉 공모가가 증권거래소에 상장된 후에 거래될 것으로 예상되는 가격보다 비교적 낮은 편입니다. 그래서 공모주청약에 수요가 몰리는 거죠. 하지만 모든 공모주청약에 대한 수요가 뜨겁기만 한 것은 아님니다. 간혹 미달에 이르기도 하지요. 상장 후 주가가 공모가 이하로 내려가거나 아예 폭락하는 경우도 있을 수 있습니다.

대체로 주식시장이 좋을 때, 공모가는 상대적으로 낮고 공모 후 주가상승률은 높은 수치를 기록하는 경우가 많습니다. 한편 시장 상황이 좋지 않을 때는 그 반대의 경우도 얼마든지 일어날 수 있습니다. 따라서 공모주청약에 무조건 달려들기보다는 기업공개를 하는 회사의 영업성과, 재무 안정성, 성장 가능성, 주식시장 상황 등을 꼼꼼히 체크한 후 투자를 결정해야 합니다.

과거에는 상장 초기에 주가가 일정 비율 밑으로 떨어지면 주간 증권사가 주식 일정량을 의무적으로 매수하여 투자자 피해를 일정 수준으로 제한한 시장조성제도가 시행된 바 있습니다. 하지만 2007년 공모가 산정 자율화가 실시되면서 이 제도는 전면폐지되었습니다.

● 가치주: 아임 스틸 헝그리…
여러분이 아직 태어나기 전인 2002년 월드컵에서 우리나라의 목표는 본래 16강 진출이었습니다. 그 이전까지는 월드컵에서 단 한 번도 16강에 진출한 적이 없었거든요. 당시 16강을 확정했을 때, 이를 축하하는 기자들과의 인터뷰에서 대표팀의 사령탑을 맡은 히딩크 감독이 했던 말은 두고두고 회자되었죠.

"I'm still hungry."

#기업의_가치는_어떻게_평가할까요?

현재 팀의 전력으로 16강보다 더 높이 올라갈 수 있다는 자신감을 은유적으로 표현한 게 아닐까요? 실제로 4강에 올랐으니 그 말에 책임을 진 셈입니다. 4강 달성 후 대표팀의 수장인 히딩크 감독의 주가도 치솟았죠.

실제 주식시장에도 현재 높은 성과를 올리고 있지만, 그럼에도 아직은 저평가된, 즉 성과에 비해 주가가 낮게 책정된 주식이 있습니다. 이를 **가치주**라고 부릅니다. 해당기업의 순이익과 미래에 벌어들일 수 있는 수익잠재력 등을 두루 고려할 때, 현재의 주가가 낮게 형성되어 있다는 뜻이지요. 그렇다면 회사의 가치는 어떻게 평가할까요?

회사의 진정한 '가치'가 얼마인지를 판단할 유일무이한 적정주가 산정방법론이나 근거가 정해져 있는 것은 아닙니다. 그래서 어떤 종목에 대해 이를 가치주로 볼 것인지는 관점에 따라 달라질 수 있어 논란의 여지가 존재합니다. 아무리 뛰어난 투자분석가라도 어떤 주식의 가치를 정확히 평가하거나 미래가치를 예측하는 것은 불가능에 가깝습니다. 또 주가가 그 회사의 가치와 언제나 정확하게 일치하는 것도 아닙니다. 대표적으로 기업의 실적이 좋아도 주가는 하락할 수 있으니까요.

워런 버핏이라는 미국의 전설적인 투자자는 내재가치보다 싼 주식을 사서 꾸준히 기다리는 가치 투자자로 유명합니다. 그런데 일반 투자자들이 그런 원석 같은 주식을 찾아내고 버핏처럼 오랫동안 기다린다는 게 현실적으로는 쉽지 않은 일입니다.

PER과 PBR이 뭐야?

주식투자자들은 PER과 PBR이라는 지표를 유심히 보는 경우가 많다. 이것이 무슨 말이냐 하면 먼저 PER(Price Earnings Ratio)은 주가수익비율이라는 말인데, 회사가 벌어들이는 수익 대비 현재의 주가가 적정한지 알 수 있는 지표다.

> PER= 주가/주당순이익
>
> 일반적으로 PER가 얼마 이상이면 고평가인지 저평가인지는 국가별, 산업별, 시기별로 달라서 콕 집어서 말하기는 어렵다. 우리나라의 대표적인 지수인 코스피의 경우는 2024년 10월 기준으로 약 15 정도다. 미국시장에 상장된 AI의 열풍과 함께 가장 핫한 종목 중 하나인 엔비디아(Nvidia)의 경우는 PER가 약 66에 달한다.

PBR(Price Book Ratio)은 장부가치 대비 가격비율이라는 말인데, 장부의 가치에 비해 적정한지 가늠할 수 있다. 즉 현재 주가를 기준으로 1주당 순자산의 몇 배인지 확인할 수 있는 지표이다.

> PBR= 주가/주당순자산가치
>
> 1을 넘으면 원가보다 비싼 것으로 간주한다. 다만 앞선 PER과 마찬가지로 콕 집어서 말하기는 어렵다. 예를 들어 하이테크 업종의 PBR가 은행이나 보험 등 금융업종의 PBR보다 훨씬 크게 나온다.

하지만 이런 설명만으로는 솔직히 무슨 뜻인지 이해하기 어려울 것이다. 그래서 예를 들어보았다. 먼저 PER이다. 2개의 회사 A와 B가 있다. A회사 (발행 주식수 100주)는 평균적으로 매년 100만 원을 순이익으로 버는 회사이고, B회사(발행 주식수 200주)도 평균적으로 매년 100만 원을 순이익으로 버는 회사이다. 이를 1주당 순이익으로 계산해 보면 A사는 1주당 만 원을 버는 것(100만 원, 100주)이고, B는 1주당 오천 원을 버는 것(100만 원, 200주)으로 볼 수 있다. 다음의 질문에 대해 생각해 보자.

> ① A사는 1주당 만 원씩 매년 벌어들이는데 투자자는 A사 1주를 얼마에 사는 것이 적절할까?

② 같은 식으로 1주당 5천 원씩 매년 벌어들이는 B사의 주식 1주는 얼마에 사는 것이 적절할까?

③ A사는 B사에 비해 1주당 벌어들이는 순익이 2배니까 주가도 2배여야 할까?

사실 위와 같은 질문에 대해 하나의 정답은 없다. 하지만 일반적인 수준에서 ①~③에 대한 설명을 해보겠다.

먼저 ①번 질문이다. 매년 만 원씩 벌기는 하는데 앞으로도 만 원씩 벌게 될 수도, 혹은 점점 더 많이 벌어서 10년쯤 뒤에는 1주당 3만 원을 벌게 될 수도 있다. 혹은 경영을 잘못하거나 A사가 속한 산업의 전망이 너무 어두워서 5년 뒤에는 회사가 망할 수도 있다. 주식시장에 서는 이러한 모든 요소들을 수많은 투자자가 분석하고 연구한 뒤 거래를 하기 때문에 주가라는 것이 형성되게 된다. 그 결과로 주식시장에서 거래되는 가격이 바로 시장가격이고, 그것이 10만 원이라면 A사의 PER은 다음과 같다.

10만 원(주가) / 1만원 (1주당 순이익 1만원) = 10

다시 말해서 A사의 주가는 1주당 순이익(1만 원)의 10배(10만 원)에 거래되고 있다고 표현한다.

다음으로 ②번 질문이다. B사가 만약에 A사와 유사한 산업에 속해 있고 두 회사의 규모도 비슷하다면 B사의 PER도 A사와 유사한 10배 수준으로 거래가 될 것이라서 주가는 5만 원 수준에서 거래되는 것이 정상적이다.

끝으로 ③번 질문이다. 이번에는 ②에서 설명한 경우와 다른 상황이다. 예를 들어 A사는 식료품을 생산하는 회사로서 폭발적인 성장은 없지만 꾸준히 조금씩 성장하는 회사인 반면 B사는 최신 AI기술 개발을 하고 있는 잠재력이 큰 회사라고 한다면 주식의 가치는 ①과 ②의 답이 달라질 수 있다. 왜냐하면 지금은 1주당 5천 원의 순이익을 벌고 있지만 몇 년 뒤에는 회사의 실적이 급성장해서 1주당 5만 원을 벌 가능성이 있다고 하면, 주식시장의 투자자들은 B사의 성장성을 크게 평가하여 A사의 경우와는 달리 향후 주가가 1주당 순이익의 10배가 아닌 30배 수준으로 보고 1주당 15만 원에 거래를 하게 될 것이다. 이때, B사의 PER은 다음과 같다.

15만원 /5천원 = 30

가치주를 찾기 위해 248~249쪽 글상자에서 설명한 PER이나 PBR 등 회사의 가치를 평가하는 여러 가지 주가지표를 활용하는 게 일반적인 방법입니다. 하지만 절대적인 지표는 아니라는 점을 잊지 말아야 합니다. 왜냐하면 과거의 매출 또는 영업이익을 현재의 주가와 비교하여 평가하는 것일 뿐 회사의 미래가치를 정확하게 예상하거나 평가할 수는 없으니까요. 이른바 기업에 내재하는 본질적인 영업가치를 찾는 것이 필요한데 이를 위해서는 해당 회사의 눈에 보이는 실적뿐만 아니라 회사의 영업 여건, 경쟁 구도, 경영진의 자질, 재무 안정성 등등 여러 다양한 요소를 고려해야 하기 때문에 많은 공부와 연구가 필요합니다.

　주식시장에서는 일반적으로 PER과 PBR이 낮은 회사들 중 주가의 변동성이 작고, 안정적인 매출 성장을 유지하면서 꾸준한 배당과 자사주매입을 실시하는 기업을 가치주로 봅니다. 주로 가스, 전기, 통신, 금융주 등이 가치주에 해당되지요.[12]

● 성장주: 실적이랄 것도 없는데 주가는 왜 이렇게 비싸?

성장주의 경우 가치주에 비해 현재의 실적 대비 주가가 더 높게 형성되어 있는 기업의 주식을 말합니다. 미래에 발생할 매출과 이익에 초점을 맞추어 현재의 영업성과보다는 미래 성장성이 주가에 반영된 주식이라고 할 수 있겠습니다.

....

12. 거듭 강조하지만, 명확한 경계는 존재하지 않는다. 때로는 성장주가 가치주가 되거나, 그 반대의 경우도 얼마든지 일어날 수 있다.

대표적인 성장주로 미국 전기차회사인 테슬라[13]를 꼽을 수 있습니다. 이 기업의 주가는 2019년까지 큰 변동 없이 횡보하다가 코로나19 유행 이후로 급등했죠. 특히 2020년에 주가 수익률은 전년 대비 무려 734%에 이릅니다. 만약 2014년에 테슬라의 주식을 한화로 1억 원 보유했다면 2020년 기준으로 주식 계좌는 약 18억 원이 되었을 것입니다. 그렇다면 실제 매출액도 비슷한 기간에 폭발적으로 늘어났을까요? 그렇지 않습니다. 2019년 대비 매출액 성장률은 28.31%(순이익률 2.19%)로 주가수익률에 훨씬 못미칩니다.

자, 이처럼 기업의 실적에 비해 주가가 과도하게 폭등한 이유는 대체 무엇일까요? 여러 가지 원인을 분석할 수 있지만, 전 지구적 미래가치 중 하나인 친환경을 꼽을 수 있습니다. 극심한 환경오염 해결을 위한 글로벌 과제인 탄소배출 제로를 실현하기 위해 전 세계가 노력하는 상황[14]에서 전기자동차가 가진 미래의 성장가치가 높은 주가평가로 이어졌다고 해석할 수 있습니다. 내연기관 자동차가 내뿜는 배기가스는 그동안 배출된 이산화탄소를 기준으로 화력발전소에 이어 2위를 차지했습니다. 따라서 지속가능한 미래를 위해 운행 중 배기가스를 내뿜지 않는 전기자동차는 친환경의 상징처럼 여겨졌고, 그러한 미래가치가 주가에도 반영된 것입니다.

....

13. 우예진, 〈당신이 만약 10년 전 테슬라 주식에 투자했다면 수익률은 과연?〉, 《베타뉴스》, 2021.03.11. 참조
14. 2025년 1월, 도널드 트럼프는 47대 미국 대통령에 취임하자마자 파리기후변화 협정을 재탈퇴했다. 이와 함께 세계의 기후변화와 환경정책 전반에도 큰 변화가 예상된다. 다만 이에 관한 자세한 논의는 이 책의 범위를 넘어서므로 생략한다.

2024년에도 테슬라의 주가가 요동쳤는데, 미국의 대선 결과가 영향을 미쳤죠. 테슬라의 CEO 일론 머스크는 공개적으로 도널드 트럼프를 열렬히 지지해 왔고, 트럼프 당선 후 주가가 급등했습니다. 대선 당일이던 11월 5일 기준으로 테슬라의 시가총액은 8,071억달러였는데, 11월 8일 기준으로 시가총액이 1조 달러(한화 약1,397조 5,000억 원)을 넘어서며 불과 사흘 만에 시가총액이 2,000억 달러나 늘어났죠.[15] 하지만 얼마 지나지 않은 11월 14일에는 상황이 반전되었습니다. 트럼프 정권 인수팀에서 '전기차 세액공지 폐지'에 관해 논의 중이라는 소식에 장 중 5%가량 급락했지요.[16]

이처럼 성장주는 실적보다는 미래에 대한 기대감이나 우려가 주가에 큰 영향을 미칠 수 있습니다. 테슬라를 하나의 사례로 들기는 했지만, 그 밖에도 현재 국내에 상장된 많은 2차전지나 바이오 관련 주식들의 경우도 현재 실적보다는 미래 성장성, 즉 미래의 영업이익에 대한 기대감이 현재의 주가에 크게 반영된 것입니다. 물론 성장주들이 시장의 기대에 부응하지 못한다면 거품이 곧 꺼질 것이라는 우려 섞인 예상도 있지만, 현재로서는 이들의 성장에 대한 높은 기대감이 유지되고 있지요.

또 성장주는 가치주와 달리 자사주 매입도 잘 하지 않고, 주주들에게 배당금도 거의 지급하지 않습니다. 일부 성장주들은 배당을

15. 노지원, 〈테슬라 시총, 사흘만에 279조원↑ … "미 대선 최대 승자"〉,《한겨레》, 2024.11.09.
16. 임미나, 〈테슬라 주가, 전기차 세액공제 폐지 보도 등에 반락… 장중 5%↓〉,《연합뉴스》, 2024.11.15.

주식을 액면분할하는 이유

액면분할이란 주식의 액면 가액을 일정한 분할 비율로 나누어 주식 수를 늘리는 것을 말한다. 자본금 증자 없이 기존 주식의 액면가를 떨어뜨려 총 주식 수를 늘릴 수 있는 방법이다. 예를 들어 5,000원이었던 주식 1주를 1,000원짜리 주식 5주로 나누는 식이다. 이런 액면분할은 증권시장에서 유통될 수 있는 주식 수를 늘려 소액 투자자를 늘림으로써 주가의 변동 폭을 줄이려고 하는 시도이다. 갖고 있던 주식이 액면분할을 하게 될 경우 주주들은 보유한 주식의 가치만큼 더 많은 주식을 갖게 된다. 액면분할 후에도 총 가치는 변함이 없지만, 주당 가격이 낮아지므로 더 많은 사람들이 투자할 수 있게 된다. 기업들이 액면분할을 하는 이유는 크게 다음과 같이 정리할 수 있다.

- **주가상승에 대한 기대**: 주식의 가격이 낮아지면 좀 더 많은 사람들을 거래에 참여하게 만들 수 있다. 이는 주가의 상승 가능성을 높일 수 있고, 이를 통해 기업의 가치도 높일 수 있다.
- **유동성**: 값비싼 주식은 매매의 저항성을 일으킨다. 즉 선뜻 투자를 결정하지 못하고 망설이게 된다. 액면분할을 통해 더 많은 투자자들이 접근할 수 있게 문턱을 낮추는 효과를 기대할 수 있다. 특히 소액 투자자들도 쉽게 주식을 살 수 있게 되는 것이다.

지급하기도 하지만, 그보다는 현재 벌어들이는 이익을 미래의 더 큰 수익을 위해 재투자하는 것이 일반적이에요. 이처럼 미래의 성과에 기반하여 주가가 형성되어 있다 보니 기대에 못 미치거나 경기가 급격히 나빠질 때 급락 가능성도 완전히 배제할 순 없습니다. 이런 불확실성으로 인해 성장주는 가치주에 비해 큰 손실 위험을 감수하는 만큼 높은 수익률을 실현할 가능성도 있는 것이에요.

Q 아빠가 공모주 청약한다고 적금을 몽땅 해지했대요!

A 공모주가 상장되면 보통 주가가 공모가보다 높게 형성되기 때문에 시세차익을 얻을 수 있다고 기대하기 때문입니다. 하지만 꼭 그런 것은 아니므로 주의가 필요합니다.

주식은 회사 경영에 필요한 자본금을 투자한 사람에게 주주임을 증명하는 증서입니다. 공모주는 공모 대상의 주식을 뜻하며, 기업공개를 하는 과정에서 일반인 투자자를 대상으로 매각하는 주식을 말합니다. 공모주가 상장되면 보통 상장 후 주가가 공모가보다 높게 형성되는 경우가 많기 때문에 투자자에게 매우 인기가 높습니다.

공모주를 배정하는 방식은 크게 2종류로 나뉩니다. 먼저 **비례 배정 방식**입니다. 이는 증거금 액수를 기준으로 공모주를 배정하는 방식입니다. 증거금이란 쉽게 말해 주식을 배정받기 위해 계약금처럼 청약에 미리 내는 돈입니다. 실제로 2021년 상반기까지만 해도 공모주 청약은 비례 배정 방식으로 진행했습니다. 하지만 이 방식은 많은 자금을 운용할 수 있는 이들에게 압도적으로 유리한 장점이 있습니다. 즉 거액의 증거금을 마련하기 힘든 소액 투자자에게 불리한 방식이지요. 예컨대 공모주의 청약 단위는 최소 10주인데, 청약이 몰리면 1주 배당을 받기도 쉽지 않습니다.

실제로 2020년에 상장했던 어느 엔터주의 경우 청약 희망자들이 대거 몰리면서 1억 원의 증거금을 내도 실제로 고작 1~2주밖에 배당받지 못하기도 했습니다.[17] 그 말은 곧 1억 원 미만의 증거금으로는 아예 경쟁에 낄 수조차 없다는 거죠. 이런 방식은 여유자금이 없는 투자자들에게 절대적으로 불리합니다. 부익부 빈익빈 현상이 나타나는 거죠.

이런 문제점 때문에 금융 당국은 소액의 증거금만으로도 모든 청약자가 공모주 배정 기회를 동등하게 받을 수 있는 방식을 도입했지요. 그것이 바로 2번째 방식인 **균등 배정 방식**입니다. 즉 소액 투자자도 참여할 수 있도록 청약 물량의 50% 이상은 증거금에 관계없이 반드시 균등 배정하도록 규정한 것입니다. 청약 제도가 균등 배정 방식으로 전환된 후로 전에 비해 소액 투자자도 참여할 기회가 늘어났습니다.

---

17. 혹시 오해하는 독자가 있을까 봐 덧붙이면, 증거금 중 배당받은 주식의 가격을 뺀 나머지 금액은 당연히 돌려받는다.

#투자 #주식 #펀드

03

도전,
나도 투자자!

| 불확실성 시대, 사행심에 휘둘리지 않도록

　코로나19 이후 대전환 속에서 금융시장은 수년
간 요동쳤습니다. 세상의 불확실성은 더욱 짙어졌지요. 인공지능,
의과학 기술의 발전으로 평균 수명은 100세를 바라볼 만큼 길어졌
고, 미래에 대한 불안함은 그만큼 더 깊어지고 있습니다. 기나긴 인
생 어떻게 먹고 살면 좋은지에 관한 고민이 커진 거죠.
　교육마저 경제력에 좌우되며 대물림되는 것 같은 요즘, 기회의
사다리가 많이 사라진 것 같다는 한탄의 소리가 곳곳에서 자주 들

려웁니다. 이미 '이생망' 같은 자조적인 유행어가 세간에 떠도는 것이 오늘의 현실입니다. 그런데 사회 전반에 이런 암담한 심리가 만연할수록 사행심도 조장되기 쉽습니다. 어차피 더 내려갈 곳도 없는 바닥이니 차라리 한 방에 인생 역전을 노린 무모하기 짝이 없는 투자를 감행하게 만드는 거죠.

무모함을 넘어 어리석은 투자 결정을 내리지 않도록 어릴 때부터 지혜로운 투자 삼끽을 습관처럼 몸에 배게 하는 것이 더더욱 중요해졌습니다. 해외(미국)에서는 용돈을 투자해서 어린 나이에 백만장자 반열에 든 청소년들의 이야기도 심심치 않게 들려옵니다. 그런 얘기에 현혹되어 섣불리 뛰어들기보다는 재무적 의사결정 능력을 키우며 투자의 기초체력을 차근차근 단련하면 어떨까요?

우리나라도 재테크에 대한 관심은 갈수록 높아지고 있습니다. 이른 나이부터 투자에 관심을 기울이고, 실제 투자에 입문하는 경우도 점점 늘어나는 것 같습니다. 특히 요즘 젊은 세대는 과거에 비해 좀 더 공격적인 주식투자나 자산 관리 등에 관심이 높은 편입니다. 다소 위험을 감수하더라도 수익률이 높은 투자상품에 더욱 관심을 기울이는 거죠.

부모들도 앞다투어 자녀의 조기 금융 교육에 열을 올리기도 합니다. 가정에서도 자녀의 경제관념을 키우고 금융 지식을 넓혀주기 위해 고민하고 있죠. 이를 위해 자녀가 어릴 때부터 본인 명의 은행계좌나 주식 계좌를 개설해 주어 소액이라도 다양한 재무적 의사결정을 내려 보면서 돈 관리를 스스로 할 수 있도록 돕기도 합니다.

투자의 첫걸음 떼기

주식투자를 시작하려면 가장 먼저 주식 계좌를 개설해야 합니다. 우리나라에서는 종전까지는 미성년자인 청소년이 증권 계좌를 개설할 때, 부모님과 함께 계좌 개설에 필요한 서류를 지참하여 직접 증권회사에 방문해야만 했습니다. 그런데 금융위원회가 2022년 7월에 발표한 '금융규제혁신 추진 방향'을 통해 법정 대리권을 가진 부모가 자녀 명의 계좌를 비대면 방식으로 개설할 수 있도록 '비대면 실명 확인 가이드라인' 개편을 예고했고, 2023년 4월 중순부터 시행되었습니다. 기존의 대면 방식도 여전히 가능하기는 하지만, 비대면 방식을 통해 훨씬 편리하게 증권 계좌를 개설할 수 있게 된 거죠(주식 계좌 개설에 관해서는 261~262쪽 참조).

그와 함께 국내 미성년 주식투자자의 수는 빠르게 증가하였습니다. KB증권의 조사에 따르면 2019년 기준 주식을 보유한 18세 이하 미성년 고객은 1만1천632명이었습니다. 그런데 2023년에는 미성년 고객이 약 17만5천260명이라고 밝혔지요. 불과 4년 만에 15배 수준으로 크게 늘어난 것이에요. 심지어 2023년 기준 공모주 청약에 참여한 미성년 고객도 5만5천373명으로 1인당 평균 2.7회 참여한 것으로 보고합니다.[18] 사행심에 빠지지 않는다면 미성년자의 주식거래는 장점이 많은데, 몇 가지만 정리하면 다음과 같습니다.

....
18. 김현경, 〈미성년 주식투자자 4년새 15배↑ … 최애주는?〉,《한경코리아마켓》, 2024.02.05.

● 살아있는 경제공부를 할 수 있다

투자에서 이론을 완전히 무시할 순 없습니다. 비록 이론도 중요하긴 하지만, 실전은 교과서에서 배울 수 없는 다양한 경험지식을 습득할 수 있게 해줍니다. 어린 시절부터 주식 계좌를 개설해 주식을 사고팔면서 자연스럽게 투자의 안목을 기를 수 있죠. 처음에는 부모님이 투자한 기업에 따라 투자했다가도 점차 자연스럽게 기업가치를 분석하고 경제의 흐름을 볼 수 있게 됩니다. 이 과정에서 돈의 흐름을 피부로 느끼게 됩니다.

● 투자 기간이 길어져 복리 효과를 기대할 수 있다

어릴 때부터 투자를 시작하면 얻을 수 있는 또 다른 장점은 투자 기간이 길어져 복리 효과에 유리하다는 점이에요. 혹시 2장에서 설명했던 복리 계산 방법(156~157쪽 참조)을 기억하나요? 앞서 살펴본 것처럼 원금이 많고, 투자 기간이 길어질수록 복리 효과 또한 커지지요. 이러한 점을 염두에 두고 장기적 안목으로 우량기업에 관심을 가지고 투자를 시작하면 좋습니다. 나아가 공개된 기업정보를 스스로 분석해 보고, 이를 적용해 보는 눈도 함께 키워가는 거죠. 특히 가치주[19]를 잘 선택하여 장기 보유하면 연금이나 채권보다 수익률은 더 높으면서도 비교적 안정적인 투자가 가능합니다.

....
19. 기업의 현재 가치가 실제 가치보다 상대적으로 저평가되어 있어 미래에 주가상승이 예상되는 주식을 말한다. 좀 더 자세한 내용은 245~250쪽의 내용을 다시 참고하자.

우량주를 왜 블루칩이라고 부를까?

'블루칩'은 일상에서도 종종 사용된다. 대체로 몸값이 크게 오른 스포츠 스타, 인기 아이돌, 흥행 배우들을 비유하기도 한다. 주식시장에서는 우량주를 가리킨다. 두 가지 유래가 있는데, 하나는 포커 게임에서 돈 대신 사용하는 칩의 색깔이다. 흰색, 붉은색, 파란색 칩 중 파란색이 가장 비싼 값인 데서 유래했다는 것이다. 다른 하나는 뉴욕 월 스트리트에서 나왔다. 지금은 세계 주식시장의 중심인 미국 뉴욕 월 스트리트는 과거 소 시장이었다. 가장 좋은 품종으로 뽑힌 소에게 파란색 천을 둘러주는 전통에서 블루칩이 유래했다는 말도 있다.

● 안정적으로 미래를 준비할 수 있다

경제적으로 너무 궁핍하면 불리한 것이 현실입니다. 미래는커녕 발등에 떨어진 불을 끄기 바쁜 팍팍한 삶일 테니까요. 여윳돈이 있으면, 미래에 자신이 하고 싶은 일을 좀 더 자유롭게 선택할 수 있습니다. 일찍 투자를 시작해 안정적으로 미래를 설계해 봅시다.

개인적인 의견으로 초보자라면 직접투자보다는 간접투자로 시작할 것을 권하고 싶습니다. 이후 투자에 대한 지식과 경험이 쌓이면 간접투자와 직접투자의 장단점 및 본인에게 잘 맞는 투자 패턴을 알게 될 것입니다. 그때 가서 간접투자와 직접투자의 비중을 적절히 나눠 전체 금융자산을 운용하는 거죠. 투자란 자신에게 알맞은 투자 방법과 대상의 선정 그리고 적절한 분산투자에 이르는 일련의 과정입니다. 따라서 성공적인 투자를 위해서는 경제의 흐름을 파악하는 힘부터 길러야 함을 꼭 기억해 주세요!

실전, 주식을 거래해 보자!

이미 주식투자를 시작한 독자도 있겠지만, 아직 주식 계좌가 없는 독자를 위해 계좌 개설부터 단계별로 정리하면 다음과 같습니다.

● 1단계: 주식 계좌 만들기

쇼핑할 때 체크카드로 결제하면 통장에서 물건값만큼 빠져나가는 것처럼 주식도 비슷합니다.[20] 은행에서 자기 이름(명의)의 계좌를 만드는 것처럼 증권(주식, 채권 등) 거래를 위한 계좌를 만들어야 합니다.[21] 먼저 다음과 같은 준비물이 필요합니다(아래 표 참조).

주식 계좌 개설 시 준비물

은행이나 증권회사에서 계좌를 만들 때	비대면으로 계좌를 만들 때
· 법정 대리인인 부모의 신분증 · 가족관계증명서(3개월 이내 발급) · 기본증명서(3개월 이내 발급) · 본인 도장	· 법정 대리인인 부모의 신분증 · 휴대전화 · 가족관계증명서(3개월 이내 발급) · 기본증명서(3개월 이내 발급) ※스마트폰 앱으로 주식 계좌를 만든 경우 주식거래용 공인인증서를 발급받고, 이를 증권사 앱에 등록해야만 한다. 이 인증서는 해마다 갱신이 필요하다.

....
20. 뒤에서도 설명하겠지만, 쇼핑과 달리 주식거래의 경우 매매와 매매대금 입출금시점이 일치하지 않는다.
21. 주식위탁계좌를 만들 때, 과거에는 대부분의 증권사가 주식거래시 필요한 자금의 입출금을 위해 은행 계좌를 연결하도록 요구하였으나 현재는 증권사에서 수시입출금이 가능한 계좌를 개설할 수 있다.

주식 계좌를 개설하는 방법은 크게 다음의 3가지로 나눌 수 있습니다. 자신에게 더 편한 방식으로 선택하면 됩니다.

- **증권사 어플을 사용한 비대면 개설**: 가장 흔한 방법이다. 단, '20일룰'[22] 계좌개설 제한이 적용되므로 한 번에 여러 계좌를 만들기는 어렵다.
- **증권사 직접 방문 개설**: 증권사를 직접 방문하는 방식이다. 이 경우도 20일룰이 적용되는 증권사가 있으므로 주의가 필요하다.
- **은행연계 계좌 개설**: 영업점 방문 및 은행 앱을 통해 증권사 계좌를 개설한다. 이 경우는 대체로 20일룰이 적용되지 않는다.

• 2단계: 주식 매수 방법

주식 계좌를 만들었다면 빨리 주식을 거래하고 싶을 거예요. 주식을 사는 것은 '매수'라 하고, 파는 것은 '매도'라고 합니다. 요즘은 주로 스마트폰의 증권사 주식 앱이나 컴퓨터로 거래하지요. 주식 매수는 MTS(Mobile Trading System, 모바일 거래 시스템)와 HTS 시스템 (Home Trading System, 홈 트레이딩 시스템)으로 가능합니다. 먼저 주식 계좌로 돈을 이체합니다. 그리고 사고 싶은 주식을 검색하는 것이에요. 혹시 중고거래를 해본 적이 있나요? 내가 가진 물건을 팔고 싶어도 사려는 사람이 한 명도 없으면 거래가 성사될 수 없겠죠? 주식도 비슷합니다. 주식을 팔려고 하는데, 그 값에 사려는 사람이

....
22. 계좌를 만들고 20일(영업일 기준)이 지나야 다른 금융사에서 계좌를 개설할 수 있는 제도를 말한다.

없으면 팔 수 없는 경우도 있어요. 그럼 누가 해당 주식을 사거나 팔려고 하는지 어떻게 확인할 수 있을까요? 스마트폰앱을 이용한다면 거래 현황을 쉽게 확인할 수 있습니다.

매매창에서 내가 사고 싶은(또는 팔고 싶은) 회사를 검색해 봅니다. 그러면 매매창 위쪽에는 매도 대기 중인 주식(팔려는 수량과 가격), 아래쪽에는 매수 대기 중인 주식(사려는 수량과 가격)이 보일 것이에요. 주식을 사려는 사람은 아래쪽 매수에서 살펴봐야겠지요. 매수를 원할 때 원하는 회사 주식의 단가, 수량, 매매 종류를 선택

잠깐만!

강세장과 약세장을 상징하는 소와 곰

앞서 블루칩의 유래 중 하나가 '소'와 관련된 것을 기억할 것이다. 이번에는 소와 곰이 함께 등장한다. 주식시장이 강세장일 때는 불마켓(Bull Market), 약세장일 때는 베어마켓(Bear Market)이라고 부른다. 이는 황소와 곰이 싸우는 모습에서 유래되었다고 한다. 황소는 머리 위로 솟은 뿔을 치켜들며 공격하는 습성이 있어서 '상승'을 의미하고, 곰은 발톱을 아래로 내리치며 공격하기 때문에 '하락'을 각각 의미한다고 한다. 뉴욕 월스트리트 증권거래소 앞에는 무게 3,200킬로그램에 높이 3.4미터에 이르는 유명한 황소상(Charging Bull)이 있다. 뉴욕을 찾은 관광객들 사이에서도 명물로 꼽힌다. 이 황소상에 주식시장의 상승, 경제 번영 등을 바라는 마음이 담겨 있다고 할 수 있다.

해 현금매수를 클릭하면 끝입니다. 다만 주가는 장중 시시각각 변동하므로 매수 희망 가격보다 오르면 거래가 체결되지 않습니다. 원하는 가격이 아니라면 거래를 철회할 수도 있고, 희망 가격을 조정하여 다시 거래를 시도할 수도 있습니다.

● 3단계: 주식거래 결제 방법

자, 원하는 주식을 샀다고 가정할게요. 그러면 주식 계좌에 자신이 매수한 주식이 나타날 거예요. 이제 매수자와 매도자 간 대금을 주고받아야 하는데, 이를 매매 결제라고 합니다. 일반적으로 매매가 이루어진 날을 포함하여 3일째 되는 날(T+2로 표현합니다), 내 계좌에서 돈이 빠져나갑니다. 이는 주식거래는 은행에서 입금할 때처럼 바로 이루어지지 않기 때문입니다. 주식거래를 계산하는 데 이틀 정도의 시간이 걸리는 것이에요. 따라서 주식을 매도해서 받을 돈이 즉시 입금되지 않으며, 마찬가지로 주식을 매수하면서 나갈 돈도 거래체결 이틀 후에 빠져나가는 것입니다. 참고로 매수한 주식이나 매도한 주식은 주권 실물이 오고 가는 것이 아니라 한국예탁결제원이라는 기관에서 명의이전의 형태로 처리됩니다.

● 4단계: 명의개서(소유주 이름 변경)

주식은 화폐나 물건처럼 받아볼 수 없고, 전자 주식으로 발행됩니다. 여러분이 증권회사의 주식 계좌에서 보는 주식은 사실 증권회사에서 주식을 실물로 보유하고 있는 것이 아니라 한국예탁결제원

대한민국의 주식거래 시간

주식은 아무 때나 거래할 수 있는 것이 아니다. 공휴일에는 쉬고, 하루 중 거래 시간
도 정해져 있다. 국내와 해외 주식거래 시간은 당연히 차이가 있으며, 우리나라 주식
거래 정규시간은 오전 9시부터 오후 3시 30분까지다. 또한 정규시간 내라도 오후 3시
20분부터 3시 30분 사이의 거래는 실시간으로 체결되지 않는다.

시간에 따른 주식거래 방법

구분		시간
정규시간		09:00~15:30
동시호가	장 시작 동시호가	08:30~09:00
	장 마감 동시호가	15:20~15:30
시간 외 종가	장전 시간 외 종가	08:30~08:40(전일 종가로 거래)
	장후 시간 외 종가	15:40~16:00(당일 종가로 거래)
시간 외 단일가		16:00~18:00 (10분 단위로 체결, 당일 종가 대비 ±10% 가격으로 거래)

이라는 곳에 보관된 것입니다. 우리가 주식을 사면 발행회사의 주
주가 됩니다. 이때 발행회사의 주주명부에 주소, 이름 등을 쓰게 되
는데, 이를 명의개서라고 합니다. 그러니까 여러분이 주식을 사면
한국예탁결제원에 있던 주식 중 여러분이 산 주식에 여러분의 이름
으로 바꾸어 놓는 거예요. 이처럼 주식 소유자의 이름을 변경하는
명의개서 업무는 명의개서대리인이 대신 처리하는데, 한국예탁결
제원, KB국민은행, 하나은행 등이 이러한 업무를 처리해 주고 있습
니다.

Q 주식시장에서 말하는 우량주는 무엇인가요?

통상적으로 실적과 현금 흐름이 좋고 경영이 안정적인 회사의 주식을 의미합니다. 단, 아무리 우량주라도 투자에 대한 손실 가능성을 완전히 배제할 순 없습니다. **A**

채권은 채권을 발행한 회사의 재무 상태, 만기 시 상환 능력, 영업 실적 등에 따라 신용평가를 전문으로 수행하는 회사에서 채권의 투자등급을 매겨 투자자로 하여금 특정 채권의 안전성을 확인할 수 있게 하고 있습니다. 반면, 만기일이 없어 회사의 상환의무가 없는 주식의 경우에는 신용등급이라는 게 애초에 존재하지 않습니다. 그렇다면 주식투자에 익숙하지 않은 초보 투자자가 상대적으로 안전하게 주식투자를 할 수 있는 방법은 무엇일까요?

아직 스스로 투자분석을 할 만한 자신이 없다면 주가지수 등에 간접투자를 하거나 소위 우량주(블루칩, blue chip)라고 불리는 주식에 투자하는 것이 좋습니다(블루칩의 유래는 260쪽 글상자 참조). 우량주는 주식시장에서 실적과 영업활동에서 발생하는 현금흐름이 좋고 경영이 안정적인 회사의 주식을 의미합니다. 시장 변동에도 주가의 변동성이 상대적으로 낮은 편이며, 배당도 꾸준히 지급합니다. 실제로 우량주 투자는 많은 투자자가 선호하는 투자 방법입니다.

일반 투자자나 초보 투자자의 경우, 기업의 재무제표와 공시자료 등을 애널리스트처럼 연구하고 분석할 역량이나 시간이 부족하기 때문에 일반적으로 잘 알려진 우량주에 투자하는 것이 상대적으로 안전합니다. 우량주를 고르는 방법 중 하나는 **시가총액**을 확인하는 것인데, 이는 기업(혹은 상장회사)의 가치를 평가하는 지표로 다음과 같이 구합니다.

시가총액 = 발행주식 수 × 주가

시가총액이 클수록 실적뿐만 아니라 미래의 성장에 대한 기대도 크다는 것을 의미하므로, 순위가 높은 종목 중에서 선택하는 거죠. 또 다른 방법으로 각 산업별 시장점유율 1등 기업, 소위 업종 대표주라고도 불리는 기업의 주식을 선택하는 방법이 있습니다. 그 외에도 낮은 부채비율, 높은 현금 유동성, 높은 자기자본비율, 낮은 주가수익비율(저PER주식이라고 한다) 등의 기준으로 투자할 회사에 대해 꼼꼼히 알아본다면 선택에 도움을 받을 수 있습니다.

부록

오늘부터 시작하는
재무설계

지금까지 우리는 돈의 역사에서 시작해서 실질적인 투자에 이르기까지 돈과 금융에 관한 이모저모를 알아보았습니다. 하지만 배움은 역시 삶으로 확장될 때 그 의미가 배가되는 만큼 실제로 재무설계에 도전해 보았으면 하는 바람으로 부록을 덧붙입니다.

생애주기를 고려하자!
- - - - - - - - - - - -

재무설계를 너무 어렵게 생각할 필요는 없습니다. 가족이나 친구들과 여행을 간다고 생각해 볼까요? 그냥 정처 없이 가방 하나 메고 무작정 떠날 수도 있을 거예요. 그런 여행에서는 뜻밖의 즐거움도 있겠지만, 그와 동시에 예상치 못한 난관을 겪게 될 가능성도 높아지는 건 어쩔 수 없지요. 하지만 계획을 잘 세운다면 좀 더 안전하고 알찬 여행을 꾸릴 수 있지 않을까요? 예컨대 목적지를 정하면 그곳에서만 맛볼 수 있는 음식, 깨끗하고 교통도 편리한 숙소, 아름다운 명소 등을 놓치지 않도록 사전에 잘 알아보는 거죠.

아, 가장 중요한 것을 빠뜨렸군요. 바로 '예산'입니다! 즉 여행 기간에 얼마의 돈을 쓸 것인지, 또 어디 어디에 쓸 것인지, 만약의 사건 사고를 대비한 비상금 등은 얼마나 필요한지 등의 돈 계획을 세우는 일이야말로 안전하고 평화로운 여행의 밑거름이지요.

인생이라는 기나긴 여행에서라면 돈 계획을 세우는 일이 훨씬 더 중요하지 않을까요? 긴 인생에서 언제 어떻게 만나게 될지 모를 어려움을 조금이라도 대비할 수 있도록 차근차근 준비하는 거죠. 그래서 재무설계는 어릴 때부터 시작하는 것이 유리합니다. 재무설계란 미래의 수입을 예상하고, 이를 현재와 미래의 생활에 어떻게 배분할 것인지 미리 계획을 세우는 일입니다. 그 계획을 통해 인생을 좀 더 편안하게 보내려고 하는 것입니다. 만약 여러분이 부모님께 정기적으로 용돈을 받을 때, 이를 어떻게 쓸지 계획을 세우며 자신의 씀씀이를 관리하고 있다면 잘하고 있다고 칭찬하고 싶습니다. 거기에서 시작해서 한발 더 나아간다면 미래의 자신을 위해 큰 계획을 세우고, 이 계획을 달성하기 위해 구체적인 예비 자금을 모을 수도 있을 것이에요.

자, 아래 그래프를 봐주세요. 생애주기에 따른 소득과 지출의 변화를 알 수 있지요? 재무설계를 할 때는 이처럼 생애주기 전반을 고려하는 것이 중요합니다. 평생 고소득을 올릴 수 있다면 좋지만, 일반적으로는 아래 그래프처럼 인생에서 소득이 점차 감소하는 시기로 접어들게 되니까요.

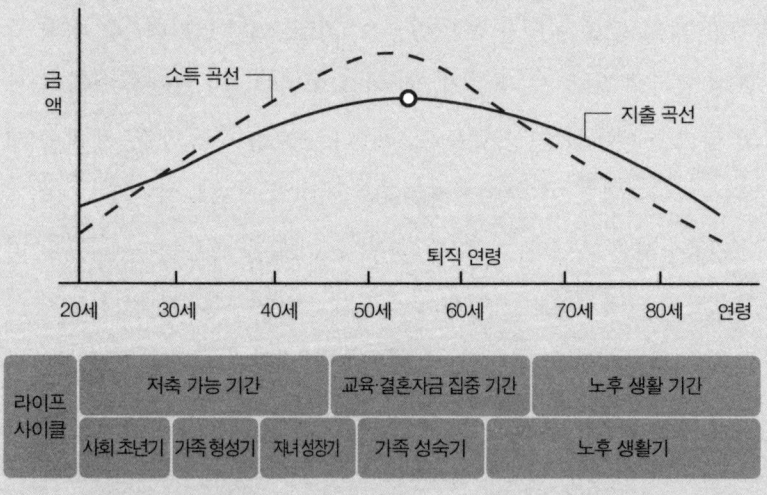

생애주기에 따른 소득·지출 곡선
졸업 후 취업하여 경제생활을 시작했을 때, 소득은 연령의 증가에 따라 상승하지만, 일정 연령 이후로는 다시 감소하게 된다. 지출 또한 소득 곡선과 마찬가지로 연령과 함께 상승하는데, 자녀의 양육과 교육, 결혼 등이 집중되는 시기에 지출이 최고점을 찍게 되고, 역시 다시 감소하게 된다. 재무설계는 이러한 생애주기를 잘 고려하는 것이 중요하다.

재무설계, 왜 해야 하지?

– – – – – – – – – – – – – – –

좀 더 구체적으로 재무설계의 필요성을 정리해 보면 크게 4가지 정도를 들 수 있습니다. 하나씩 살펴볼까요?

첫째, 생애주기의 만족을 극대화하기 위해서 재무설계가 필요합니다. 여기서 생애주기란 시간의 흐름에 따라 개인이나 가족의 삶이 어떻게 달라지는지를 몇 단계로 나눈 것입니다. 왼쪽 그림을 보면 한 사람의 생애주기는 크게 저축 가능 기간, 교육·결혼 자금 집중 기간, 노후 생활 기간 등으로 구분합니다. 하지만 각 시기의 소득과 소비 수준이 일치하지는 않습니다. 어떤 시기에는 소비보다 소득이 높고, 어떤 시기에는 반대로 소득보다 소비가 높고, 또 어떤 시기에는 아예 소득이 없기도 합니다. 따라서 소득이 없는 시기에도 안정적인 생활을 영위하기 위해서는 각 시기의 소득과 소비 수준을 잘 관리해야 합니다. 예를 들어볼까요? 사회 초년기에는 대체로 소비가 소득 수준보다 높을 것입니다. 이때 미래의 소득이 증가할 것으로 추정된다면 대출을 받아 미래를 계획해 볼 수도 있습니다. 이후 예상대로 점차 소득이 높아지면 대출을 상환하고, 미래를 위한 저축과 투자를 하게 될 것입니다. 또한 은퇴 기간(노후 생활 기간)에는 앞서 저축한 것과 투자금, 연금 등을 잘 운영하여 안정적인 생활을 할 수 있을 것입니다. 이처럼 재무설계는 소득과 소비가 불일치할 때 및 소득이 없는 시기를 대비하기 위해 꼭 필요합니다.

둘째, 미래의 위험에 대비하기 위해서입니다. 자신의 인생을 미리 알고 태어나는 사람은 없습니다. 때론 예상치 못한 사고를 당하거나, 질병으로 큰 위기를 맞을 수도 있습니다. 이때 미리 준비한 예비 자금이 없다면 힘든 상황에 직면하겠지요? 그래서 예비 자금을 모으거나 보험에 가입하여 미래의 불확실한 상황에 대비하는 것입니다.

셋째, 자산과 부채를 합리적으로 관리하기 위해서입니다. 재무설계를 하게 되면 장기적인 관점에서 현재 자신의 자산 및 미래의 수입과 지출을 생각하게 됩니다. 따라서 보유한 자산을 보호하고 늘릴 수 있는 방법이 무엇일지 알아보는 동시에 과도한 빚을 지지 않도록 조심하게 될 것입니다.

넷째, 안정적인 노후 생활을 하기 위해서입니다. 평균 수명이 길어지면서 은퇴 이후의 삶에 있어서 경제적 여유가 점점 더 중요해지고 있습니다. 따라서 노후를 위한 준비가 필요합니다.

위와 같이 재무설계는 현재와 미래의 경제생활을 생각하며 한정된 자산을 어떻게 배분할 것인지 고민하게 합니다. 그 과정에서 자신의 소득과 소비에 대한 흐름을 알 수 있으며, 이를 바탕으로 장기적인 관점에서의 재무설계를 세울 수 있습니다. 즉 재무설계는 현재의 삶은 물론 미래도 함께 대비하는 것입니다. 자, 이상에서 설명한 4가지를 잘 기억하며 273쪽 활동 1과 2를 작성해 보세요.

활동 1 자신의 생애주기를 예상하여 아래 표를 작성해 보세요.

구분	주 수입원	연 수입	지출액	기본 생활비 외 목돈 지출
10대				
20대				
30대				
40대				
50대				
60대				
70대				
80대 이상				

활동 2 1에서 작성한 표를 바탕으로 자신의 생애주기 그래프를 그려 보세요. 그리는 방법은 270쪽을 그래프를 참고하세요.

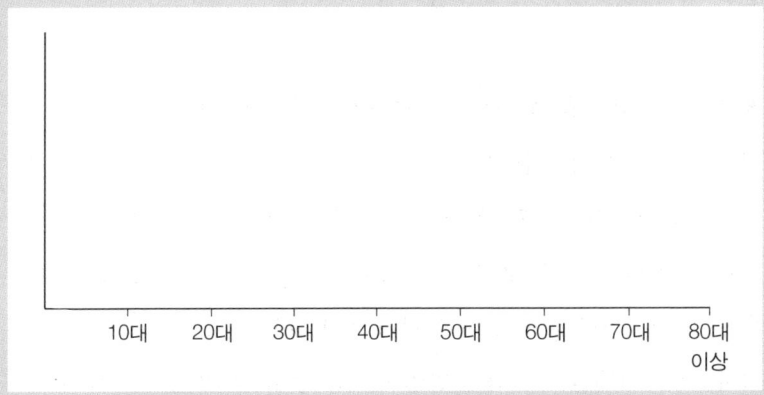

재무 계획은 어떻게 세우나요?

조금 전 우리는 재무설계의 필요성을 살펴보면서 직접 자신의 생애 주기를 예상하고 이를 그래프로도 표현해 보았어요. 그럼 이제 본격적으로 재무설계를 연습해 봅시다. 재무설계는 구체적으로 재무계획을 세워보는 것이에요. 아래와 같은 단계를 거쳐 진행합니다.

● **1단계: 재무 목표 설정**

구체적인 재무 목표를 세웁니다. 목표 달성 기간에 따라 단기, 중기, 장기로 나누어 세우는 것이 좋으며, 내 집 마련이나 자녀 학자금 마련 같은 목표보다는 "주택 마련을 위해 10년 동안 4억 원을 모은다."와 같이 자금의 목적, 기간, 금액까지 명확하게 설정하는 것이 바람직합니다. 다만 개인마다 삶의 목표와 재무 상태뿐만 아니라 생애주기의 단계도 다르기 때문에 각자의 상황에 맞춰 실현 가능한 적정 재무 목표를 계획합니다.

● **2단계: 자료 수집 및 현재의 재무 상태를 분석 및 평가**

현재의 재무 상태를 분석하고 평가하기 위한 기본 자료를 수집합니다. 현재 내 수입은 얼마이고, 지출은 얼마인지를 아는 것부터 시작합니다. 이때 수입은 정기적인 소득인지 일시적인 소득인지도 파악해야 합니다. 이뿐만 아니라 자산과 부채 규모도 파악하고 있어야 합니다. 재무 상태를 파악하는 방법 예시는 275쪽의 표를 참고하세요.

재무 상태를 파악하는 방법

■ A씨의 자산과 부채 현황 예시

자산				부채	
금융 자산	현금 자산	예금	5,000,000원	주택담보	150,000,000원
		적금	20,000,000원	은행 대출금	5,000,000원
	주식		10,000,000원	신용카드 사용액	1,000,000원
실물 자산	부동산		500,000,000원	부채 총액	156,000,000원
	자동차		10,000,000원		
자산 총액			545,000,000원		
순자산(자산 - 부채)					389,000,000원

■ A씨의 월수입과 지출 현황 예시

수입		지출		
근로 소득	3,000,000원	소비 지출	식료품	600,000원
재산 소득 (이자와 배 당금)	150,000원		주거·수도·광열	500,000원
			문화 생활비	200,000원
수입 총액	3,150,000원		차량 유지비	200,000원
			병원비	100,000원
		비소비 지출	대출이자	100,000원
			적금	500,000원
		지출 총액		2,200,000원
손익 결산(수입·지출)				950,000원

● 3단계: 재무설계안 작성

재무 목표를 설정하고 현재의 재무 상태를 분석했다면 어떻게 얼마를 모아야 할지 예산을 세워야 합니다. 이때 예산은 일상적인 소비 지출을 하면서도 동시에 재무 목표를 달성할 수 있어야 합니다. 예를 들어 부모님의 은혼식(결혼 25주년을 기념하는 의식) 선물 구입비로 120만 원을 마련하기 위한 구체적인 행동 계획으로 '1년 간 매달 10만 원씩 모으기'를 생각해 볼 수 있습니다. 그저 '꼭 모아보자!' 같은 막연한 목표 말고, 소액이라도 구체적으로 목표를 세우는 것이 그만큼 중요하다는 뜻이에요. 또한 10만 원씩 모으기 위해 실행 가능한 세부 목표를 구체적으로 세우고 진행해야 합니다.

● 4단계: 재무설계안 실행

계획만 세우고 그걸로 끝이라면 곤란하겠죠? 자신이 세운 재무설계안을 실행합니다. 이때 실행이라는 것은 결국 금융회사를 방문하거나 인터넷을 이용하여 금융상품에 가입하거나 부채를 상환하는 등의 행위이므로 금융회사와 금융상품에 대한 이해가 필요합니다. 가장 단순한 형태의 예금이나 적금만 보더라도 여러 상품이 있습니다. 선택하기가 쉽지 않지요. 이때 금융상품 정보를 한눈에 볼 수 있는 웹사이트를 이용해 보면 좋습니다. 예를 들어, 금융감독원에서 운영하고 있는 금융소비자정보 포털 '파인(http://fine.fss.or.kr)'에서 금융상품찾기 메뉴로 들어가면 됩니다. 여기서 금융상품을 통합 비교할 수 있는 '금융상품한눈에'를 이용하면 은행, 증권, 보험회

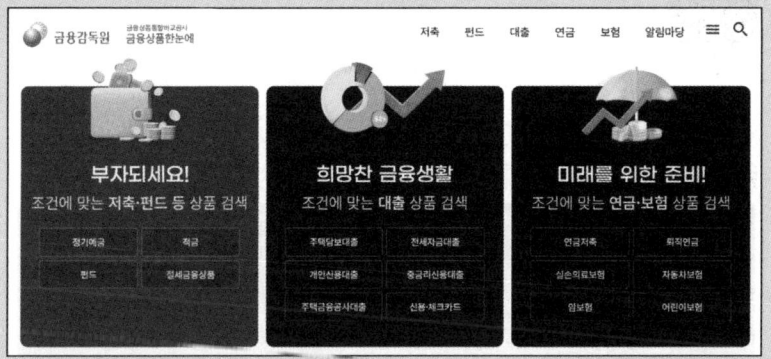

'금융상품한눈에' 초기화면

금융감독원 홈페이지를 활용하면 자신에게 맞는 금융상품의 정보를 찾아볼 수 있다.

사 등에서 판매하고 있는 다양한 금융상품 정보를 쉽고 간편하게 알아볼 수 있습니다.

● 5단계: 재무 계획, 평가 및 수정

재무설계안을 제대로 실행하고 있는지 검토하고 평가합니다. 적어도 1년에 1회 이상은 자신의 재무 상태를 기반으로 가입한 금융상품의 성과를 정기적으로 평가하고 점검해야 합니다. 특히 경제환경의 급격한 변화나 취업, 결혼, 출산, 이직 등 개인적인 상황에 따른 소득과 지출의 변화는 재무 계획에도 영향을 미치므로, 수시로 재평가 하는 것이 바람직합니다. 이때 소득과 지출의 변화가 있다면 계획을 수정하거나 재무 목표를 재설정해야 합니다. 그 과정에서 실행이 불가능한 계획은 수정하는 것이 좋고, 계획을 수정한 후에는 다시 실행합니다.

단행본

김지현, 《You Know? 금융을 알아야 잘살아요》, 북네스트, 2021.

김진영 외, 《중학생을 위한 한국은행의 알기 쉬운 경제이야기》, 한국은행, 2005.

장광익·음인혜, 《화폐와 금융: 돈의 역사와 쓰임새를 배워요》, 주니어김영사, 2019.

최무연, 《십대들이여, 주식을 탐하라》, 행복한미래, 2022.

먀오옌보, 《돈의 탄생》(홍민경 옮김), 현대지성, 2021.

논문, 보도자료 등

기획재정부, 《생애주기별 경제교육(장년기 편)》, KDI 경제정보센터, 2019.

정재학, 〈지각하면서도 택시를 타지 못하는 이유?〉, 《금융(Vol.697)》, 2012.04.

집필스토리, 《미래를 여는 청소년을 위한 증권과 투자 교실》, 한국거래소(KRX), 2021.12.

기사와 뉴스

고재완, 〈금리 97% 인상, 강도마저 거부하는 페소…경제 폭망 아르헨, 소비자 물가 110% 상승 '충격'('세계는지금')〉, 《스포츠조선》 (https://entertain.naver.com/read?oid=076&aid=0004009316)

김경민, 〈빌 게이츠 이어 노벨경제학상 석학 "비트코인 10년 내 0원 된다"〉, 《뉴스1》, 2025.02.03. (https://n.news.naver.com/mnews/article/421/0008052398?sid=101)

김남준, 〈비트코인 '트럼프 랠리'에 사상 첫 8만 달러 돌파〉, 《중앙일보》, 2024.11.10. (https://n.news.naver.com/mnews/article/025/0003399499?sid=101)

김연지, 〈가상화폐 찬반공방… "안정성 확보 안돼" vs "블록체인 성장시킬 신규 자산"〉, 《ChosunBiz》, 2018.02.22. (https://biz.chosun.com/site/data/html_dir/2018/02/22/2018022202232.html)

김인철, 〈[매경시평] 급진적 개혁, 단계적 개혁〉, 《매일경제》, 2013.07.14. (https://n.news.naver.com/mnews/article/009/0002995345?sid=110)

김장섭, 〈국가경쟁력 약화시키는 보조금 피해는 국민몫〉, 《스카이데일리》, 2019.4.15.
  (https://www.skyedaily.com/news/news_view.html?ID=83752)

김지호, 〈미래에셋, 국내 최초 CD 1년물 ETF 6일 상장… 이제 은행시대 끝났다〉, 《아시
  아타임즈》, 2024.02.01. (https://www.asiatime.co.kr/article/20240201500341)

김현경, 〈미성년 주식투자자 4년새 15배↑… 최애주는?〉, 《한경코리아마켓》,
  2024.02.05. (https://www.hankyung.com/article/2024020542735)

나유리, 〈[m-커버스토리]금리인상에도 고물가 여전… 통화정책 효과 약해진 이유〉,
  《metro》, 2023.07.27. (https://www.metroseoul.co.kr/article/20230727500539)

노지원, 〈테슬라 시총, 사흘만에 279조원↑… "미 대선 최대 승자"〉, 《한겨레》,
  2024.11.09 (https://www.hani.co.kr/arti/economy/global/1166609.html)

박소연, 〈기축통화 맞아? 日 엔화 구매력, 고점대비 60% 빠져〉, 《파이낸셜뉴스》,
  2023.08.30. (https://n.news.naver.com/mnews/article/014/0005064377?sid=104)

박정임, 〈[지지대] 신용카드〉, 《경기일보》, 2014.03.13. (https://www.kyeonggi.
  com/747364)

신용아, 〈토스뱅크 가입자 1000만 돌파…인터넷은행 출범 7년만에 4000만 시
  대〉, 《서울신문》, 2024.04.17.(https://www.seoul.co.kr/news/economy/finan
  ce/2024/04/17/20240417500169)

오수연, 〈美 비트코인 ETF, 출시 3거래일 약 9억달러 순유입〉, 《아시아경제》,
  2024.01.18. (https://n.news.naver.com/mnews/article/277/0005368710?sid=104)

옥효진, 〈[옥효진의 세금 내는 아이들] 돈과 행복의 상관관계〉, 《한국경제》, 2022.9.5.
  (https://n.news.naver.com/mnews/article/015/0004745852?sid=110)

우예진, 〈당신이 만약 10년 전 테슬라 주식에 투자했다면 수익률은 과연?〉, 《베타뉴스》,
  2021.03.11. (https://www.betanews.net/article/1257439)

유세진, 〈아르헨티나, 100% 넘는 인플레 대처위해 금리 97%로 인상〉, 《뉴시스》,
  2023.05.16. (https://n.news.naver.com/mnews/article/003/0011862574?sid=104)

이성희, 〈SVB 사태, 국내 은행은 안전할까〉, 《DealSite》, 2023.03.17. (https://dealsite.
  co.kr/articles/100657)

이은지, 〈전국민 25만 원, 내수 진작? 코로나 재난지원금 성과 분석한 박사 "선
  별 타겟팅해야"〉, 《YTN》, 2024.04.30. (https://n.news.naver.com/mnews/

article/052/0002029592?sid=102)

이채윤, 〈비트코인 '역주행'… 한때 9만달러선 위협도〉, 《강원도민일보》, 2024.11.27. (https://n.news.naver.com/article/654/0000094601?cds=news_media_pc&type=editn

이형석, 〈"독일, 유로화 수혜로 막대한 경상흑자, 그리스사태의 배경"〉, 《헤럴드경제》, 2015.07.18. (https://n.news.naver.com/mnews/article/016/0000793375?sid=104)

임미나, 〈테슬라 주가, 전기차 세액공제 폐지 보도 등에 반락…장중 5%↓〉, 《연합뉴스》, 2024.11.15. (https://n.news.naver.com/mnews/article/001/0015047609?sid=104)

임미나·김태종, 〈'천장 뚫린' 비트코인, 장 중 한때 사상 첫 9만달러 돌파(종합2보)〉, 《연합뉴스》, 2024.11.13. (https://n.news.naver.com/mnews/article/001/0015041574?sid=104)

조계완·정의길·정의길·이본영, 〈미 연준, 28년만에 기준금리 0.75%p 인상… '자이언트 스텝' 초강수〉, 《한겨레》, 2022.06.16. (https://www.hani.co.kr/arti/economy/economy_general/1047348.html)

차미례, 〈아르헨티나 2023 인플레 상승률 211.4%..32년 만에 최악〉, 《뉴시스》, 2024.01.12. (https://n.news.naver.com/mnews/article/003/0012315189?sid=104)

기타 사이트

e-나라지표 (https://www.index.go.kr/enara)

KOSIS 국가통계포털 (https://kosis.kr/index/index.do)

Wikimedia Commons (https://commons.wikimedia.org/wiki/Main_Page)

100원으로 할 수 있었던 일들… (https://unzengan.com/220)

가상화폐 찬반토론 (https://btgtm.com/%EA%B0%80%EC%83%81%ED%99%94%ED%8F%90-%EC%B0%AC%EB%B0%98%ED%86%A0%EB%A1%A0-ft-4%EA%B0%80%EC%A7%80-%EC%82%AC%EC%8B%A4/)

네이버 지식백과- 대전화폐박물관 (https://terms.naver.com/entry.naver?docId=3568103&cid=58926&categoryId=58935)

시사상식사전- 금융거래 한도계좌 (https://terms.naver.com/entry.naver?docId=6512838&cid=43667&categoryId=43667)

[최초의 신용카드는 어떻게 탄생했나] (https://brunch.co.kr/@cardgorilla/67)